인문   지혜와
통찰   전 국
민을   이라는
칭호를 얻었다. 지루하고 따분하다는 고전에 대한 고
정관념을 깨고 청소년부터 CEO에 이르기까지 학교와
기업에서 동양철학 열풍을 일으켰다. 지금도 매달 매
주 전국에서 남녀노소를 불문하고 수많은 이들이 홍천
석천학당에 모여 동양철학을 공부하고 있다.

어려서부터 조부에게 한학을 배웠으며 성균관대학교
동양철학과를 졸업하고 동대학원에서 동양철학 박사
학위를 취득했다. 국역연수원(현 고전번역원)을 졸업하
고, 중국사회과학원 철학연구소에서 도가철학을 연구
했다. 한국예술종합학교 전통예술원 교수, 포스코전
략대학 석좌교수, 민족문화콘텐츠연구원장을 역임했
다. 이외에 휴넷&J동양고전연구소 연구소장, 성균관
교육국장 청소년국장 · 교육원장, 서울시 문화재 전문
위원, 국회인성함양 및 육군본부 자문위원으로 활동
하였고, 현재 홍천에 석천학당을 건립하여 운영하고
있다. KBS 제1라디오 〈시사고전〉을 7년 동안 1,577회
방송했고, EBS 〈손자병법〉, KBS 〈아침마당〉, 삼성경
제연구소 세리시이오SERICEO에서 강의했다.

저서로 《3분 고전》《박재희의 아침을 여는 고전 일력》
《1일 1강 논어 강독》《1일 1강 도덕경 강독》《고전의
대문》(1, 2) 등이 있다.

리더라면
손자병법

리더라면 손자병법

1판 1쇄 인쇄 2024. 4. 20.
1판 1쇄 발행 2024. 4. 30.

지은이 박재희

발행인 박강휘
편집 임지숙 디자인 유상현 마케팅 윤준원 홍보 강원모
발행처 김영사
등록 1979년 5월 17일(제406-2003-036호.)
주소 경기도 파주시 문발로 197(문발동) 우편번호 10881
전화 마케팅부 031)955-3100, 편집부 031)955-3200 | 팩스 031)955-3111

값은 뒤표지에 있습니다.
ISBN 978-89-349-1860-8 03190

홈페이지 www.gimmyoung.com   블로그 blog.naver.com/gybook
인스타그램 instagram.com/gimmyoung   이메일 bestbook@gimmyoung.com

좋은 독자가 좋은 책을 만듭니다.
김영사는 독자 여러분의 의견에 항상 귀 기울이고 있습니다.

리더라면
손자병법

박재희 지음

경영전쟁 시대를 돌파하는 결정적 한 수

김영사

다시,
《손자병법》이다

이 책을 처음 쓴 20년 전과 비교해 세상은 더욱 치열한 전쟁 중이고, 미래는 불확실하다. 승리는 영원하지 않다는 것이 여실히 증명되었고, 미래를 준비하지 않은 조직은 생존 무리에서 어김없이 밀려났다. 익숙함에 발목이 잡히면 죽음의 길로 들어서는 것이고, 유연하면서 변화하는 조직만이 생명의 길로 들어선다. 2,500년 전 손자孫子가 전해준 승리의 의미와 방법은 여전히 우리에게 유효하다.

《손자병법孫子兵法》은 완전한 승리全勝(전승)를 목표로 한다. 싸우지 않고 이기는 부전승不戰勝은 현대 기업이 추구하는 ESG(투명 경영을 고려해야 지속 가능한 발전을 할 수 있다는 철학) 경영과 같은 맥락이다. 상대를 완전히 부수고 이기는 승리는 오래가지 못한다. 내 병력도 살리고 상대방의 피해도 최소화하며 이긴 승리가 완전한 승리, 전승이다. 이제 자연을 파괴하고, 약자를 탈취하고, 세상을 혼란에 빠트리며 이긴 승리는 더 이상 설 자리가 없다. 승리와 함께 과정이 더욱 중요하다는 것은《손자병법》과 현대 기업 경영 철학이 만나는 접점이다. 과정이 좋은 승리는 영원한 승리로 지속되기 때문이다. 완전한 승리, 전승을 위한《손자병법》이 제시하는 승리 방법은 다음과 같다.

1. 계승計勝: 승리는 철저하게 미래를 계산하고 준비한 조직에게 주어지며, 외부 환경과 내부 역량의 분석을 통해 승산勝算을 높이는 것이 승리의 요체이다. 이렇듯 철저히 준비하고 계산하는 것은 전쟁의 승패에 따라 국가와 백성 및 병력의 존망存亡과 생사生死가 엇갈리기 때문이다.

2. 속승速勝: 승리는 빨리 끝날수록 좋다. 오래 끌면 병력과 물자의 피해는 더욱 늘어난다. 비록 남이 보기에는 못나 보여도 피해를 줄이고 이기는 졸속拙速의 승리는 손자가 꿈꾸는 전승의 방법이다.

3. 형승形勝: 승리는 싸우기 전에 이미 구조形를 통해 알 수 있다. 이기는 구조가 만들어질 수밖에 없는 시스템의 조직은 상대와의 싸움에서 반드시 이긴다. 승리하는 조직은 먼저

승리의 구조를 만들어 전장에 들어가며先勝求戰(선승구전), 지는 조직은 먼저 전장에 들어가서 승리의 방법을 찾는다先戰求勝(선전구승).

4. 세승勢勝: 형形이 이기는 구조라면, 세勢는 이기는 상황이다. 형과 세가 합쳐져서 형세가 된다. 이길 수밖에 없는 상황을 만들어 이기는 것이 세승이다.

5. 허승虛勝: 나의 강점을 집중해 상대의 빈 곳을 치는 것이 허승이다. 허虛와 실實은 누구나 갖고 있다. 다만 상대와 나의 허와 실을 정확히 읽어야 주도권을 쥘 수 있다. 작은 병력과 물자로 상대를 압도할 수 있는 이유는 상대의 허를 알기 때문이다.

6. 변승變勝: 변화하는 조직은 생존의 길을 만난다. 군대의 모습은 물과 같아야 한다兵形象水(병형상수). 물은 지형에 따라 흐름을 바꾼다. 조직도 적의 상황에 따라 변화로 승리 방법을 찾아야 한다.

7. 쟁승爭勝: 전쟁에서 경쟁은 승리를 얻기 위해 가장 중요한 요소다. 돌아가는 것이 곧장 가는 것보다 빠를 것이란 우직지계迂直之計는《손자병법》의 탁월한 경쟁 전략이다.

8. 지승知勝: 정보는 승리를 위한 가장 중요한 요소다. 인적 정보를 얻기 위해 돈과 지위를 아끼지 말아야 한다. 좋은 정보는 완전한 승리를 위한 가장 기초적 자산이다.

이제 다시 《손자병법》이다. 《손자병법》의 승리는 이기는 기술skill이 아닌 이기는 예술art이다. 적을 부수고 병사를 잃고 세상을 혼란스럽게 하며 이기는 승리는 파승破勝이다. 온통 상처뿐인 승리다. 싸우지 않고 이기는 승리, 전승은 누구나 인정하는 승리다. 상생相生으로 전승해야 영원한 승리, 영승永勝을 얻을 수 있다.

2024년 4월
석천石泉 박재희

시대와 공간을
초월한 전적, 고전

《손자병법》을 주제로 일반인에게 강의한 것은 EBS TV 에서 〈손자병법과 21세기〉란 제목의 기획 특강 44회를 진행하면서부터다. 그 뒤로 《손자병법》은 내 인생에서 가장 중요한 고전이 되었다. 돌이켜보건대 정말 많은 기업체와 공공단체, 방송국 등을 다니면서 수천 번 《손자병법》을 강의할 기회를 얻었고, 이 경험은 고전을 전공하는 나에게 현대사회의 흐름을 읽는 계기가 되었다. 반도체·금융·기계·화학·건설·조선·유통·공공기관 등 수많은 분야에서 업계가 처한 현실을 알게 되었고, 그 분야 전문가들을 만나 많은 이야기를 들었다. 이 경험은 내 평생의 프로젝트인 고전의 재해석 작업에 큰 밑바탕이 될 것이라 믿어 의심치 않는다.

학문學問이라는 것이 '넓게 배우는' 박학博學과 '깊이 파고들며 묻는' 심문審問이라면 적어도 박학의 기회를 하늘의 도움으로 얻게 된 것이다. 2,500년 전 공자孔子도 천하를 주유周遊하며 세상을 배워 유학을 창시했고, 12세기 주자朱子도 도관道觀과 사묘寺廟를 넘나들며 주자학朱子學을 완성했다. 이러하니 내가 사는 세상에 대한 정확한 이해 없이 책상 앞에서 학문한다는 것이 얼마나 공허空虛한 일인가는 더 말할 나위가 없다.

오늘날 우리는 생존을 위해 어떤 변화에도 적응해야 하며, 적응하지 못하면 생존에 실패할 수밖에 없는 난세에 살고 있다.《손자병법》이 나온 춘추전국시대도 그런 변화의 시기였다. 불확실성의 시대로 정의되던 역동적 시대 환경은 변화와 적응이라는 화두가 생존의 열쇠였다. 청년 장군 손자는 현장에서 군대를 이끌며 전쟁을 경영하던 경영자였다. 그 현장의 기록과 리더로서 바라본 조직 경영의 경험을 글로 남겨놓은 것이《손자병법》13편 6,097자字 분량의 책이다.

시대와 공간을 초월한 보편성을 지닌 것이 고전이다. 저명한 경영자들의 경영 이론이 유통기한이 지났다는 기사를 접하면서 베스트셀러와 고전의 차이점을 본다. 베스트셀러는 시간이 지나면 힘을 잃는다. 한때는 유효했으나 시간이 지나면서 폐기될 수밖에 없는 운명을 가진 것들이다. 그러나 고전은 서가 한 곁에서 언제나 자신의 가치를 잃지 않고 우리에게 보편적 가치를 설파해준다. 이것이 필자가 평생의 업을 고전으로 잡은 중요한 이유 중 하나다.

유형원이 《반계수록礒溪隧錄》을 쓰는 데 18년이 걸렸다고 하는데, 아직 잘 여물지도 않은 상태에서 책을 독촉받아 세상에 내게 되어 미안未安한 마음이 그지없다. 그러나 시간만 미루다 보면 영원히 완성하지 못할 것 같아 우선 지금의 생각이라도 글로 엮어내고자 한다. 주자도 80세 나이까지 《대학大學》을 평생 수정하며 세상을 마쳤다고 하니 내가 우선이라도 책을 내어 평생 수정하겠다는 마음을 세운 것이 하늘에 부끄러운 일은 아닌 듯싶다.

완전한 승리,
전승을 위하여

《손자병법》의 저자 손자, 즉 손무孫武는 요즘으로 말하면 신세대를 대표하는 지식인이자 벤처 군사 전문가였다. 젊은 나이에 그는 특별한 선택을 했다. 당시 그의 조국이던 강대국 제齊나라를 떠나 양쯔강 하류의 개발도상국 오吳나라로 간 것이다. 손자는 새로운 시대 환경에 맞는 합리주의 전쟁 철학을 지니고 오나라 군주에게 가서 자신을 장군에 기용할 것을 과감하게 제시했다. 이제 지나간 시대의 명분만으로 국가의 미래를 경영할 수 없다고 주장하며 오나라를 강하게 만들 새로운 전술과 전략을 제시했다. 쿠데타로 정권을 잡은 오나라 왕 합려闔閭는 손자를 장군으로 기용해 당시 패자로 등극했다.

노자의 《도덕경道德經》보다 분량이 약간 많은 6,100여 한자와 제13편으로 구성된 《손자병법》에는 전쟁에 관한 철학과 승리의 전략이 담겨 있다. "전쟁은 국가의 가장 중요한 정책이다. 전쟁터는 사람이 죽고 사는 곳이며, 전쟁의 승패에 국가의 존망이 달려 있기 때문이다. 따라서 신중하게 결정하고 준비해야 한다"로 시작하는 이 책은 저자인 손자가 오나라 왕에게 전쟁에 대해 브리핑하는 구어체로 구성된 고전이다. 제13편을 간략히 정리하면 다음과 같다.

1. 시계始計: 전쟁을 하기 전에 처음부터 계산하고 시작하라.
2. 작전作戰: 전쟁은 물자가 중요하다. 철저히 물자를 준비하고 전쟁에 임하라.
3. 모공謀攻: 작전 계획을 마련하라. 싸우지 않고 이기는 승리가 완전한 승리다.
4. 군형軍形: 이길 수밖에 없는 구조를 만들어 승리하라.
5. 병세兵勢: 이길 수 있는 기세를 만들어 압도적인 승리를 쟁취하라.
6. 허실虛實: 나의 강점에 집중해 상대방의 허를 쳐라.
7. 군쟁軍爭: 유리한 위치를 점하여 주도권을 쥐어라.
8. 구변九變: 현장 변화에 적절히 대응하라.
9. 행군行軍: 적의 상황에 따른 빠른 결단과 조치를 취하라.

10. 지형地形: 작전과 밀접한 관계가 있는 지형을 장악하라.

11. 구지九地: 적의 심장부 깊숙이 파고들어 공격하라.

12. 화공火攻: 화력으로 상대방을 초토화하고 전율과 공포를 느끼게 하라.

13. 용간用間: 적의 마음을 읽기 위해 인적 정보를 활용하라.

《손자병법》이 단순히 전쟁과 관련한 전술 교리서라면 여러 시대를 통해 막강한 영향력을 발휘하지 못했을 것이다. 이 책에는 '전쟁의 기술'을 넘어선 철학이 있고, 시대정신을 반영한 가치관이 있으며, 다른 병서兵書에서는 볼 수 없는 인간애가 있다. 이 책을 제대로 읽은 독자라면 손자의 주장이 싸우는 데 있지 않다는 것에 동의할 것이다. 부득이 싸울 상황이라면 '완전한' 게임을 해야 한다. 이기지 못할 싸움이라면 애초부터 하지 않는다. 내가 다치고 이기는 것은 부질없는 일이다. 내 얼굴에 멍이 들고 피가 나는데 승리가 무슨 의미가 있는가? 손자는 철저히 명분론을 거부한다. 결국 전쟁은 내가 다치지 않으려는 방어를 위한 대안이다.

현대를 사는 우리는 항상 승리라는 허상에 도취해 있다. 박수갈채, 환호, 칭찬, 시선, 명예 등은 끊임없이 인간을 괴롭히는 고질병이다. 이 병에 걸리면 자식과 배우자를 통해 대리전쟁을 치르고, 이웃과 물질을 놓고 격전을 벌이게 된다. 모든 일이 부질없다고 느꼈을 때는 이미 돌이킬 수 없는 경쟁의 상처들로 병들어 있는 나를 발견한다. 손자는 휴머니스트다. "적이 강하면 고민하지 말고 피하라. 내가 약하면 숨어라. 피하는 것, 숨는 것은 패배가 아니다. 내 병사들, 내 가족들이 다치지 않는다면 나는 어떤 모멸감도 참을 수 있다." 이전 시대에는 상상도 못 했던 합리주의 이론이다. 이처럼 《손자병법》은 병서의 한계를 넘어서 우리에게 삶의 방법과 유연한 가치관을 가르쳐준다.

《손자병법》은 당나라 이후 한국과 일본 및 베트남 등의 나라로 전파되었으며, 16세기에 프랑스어로 번역된 이래 러시아어·영어 등 세계 30여 종의 언어로 번역되었다. 현대 군사이론가인 바실 리델 하트Basil Liddell Hart는 그의 저서 《전략론Strategy》의 서두에 《손자병법》의 명구를 대거 인용하고 있으며, 미국 육군사관학교에서도 교재로 사용하고 있다. 나폴레옹은 이 책을 언제나 손에서 놓지 않았다고 한다. 우리가 이 시대에 《손자병법》을 주목하는 것은 이 책을 통한 여러 분야의 적용이 현대를 사는 우리에게 번뜩이는 영감을 제공한다고 믿기 때문이다. 경영, 상업, 의학, 바둑, 스포츠, 인생 경영 등 다양한 분야에서 《손자병법》은 많은 영감과 훌륭한 지혜를 제공할 것이다.

孫子兵法

1장

같은 꿈을 꾸게 하라

비전 공유는
곧 희망이다

과거와 비교하면 현대 기업의 경영 환경은 빠르고 광범위하게 변하고 있어 적응하기가 점점 어려워지고 있다.

난세의 생존 철학 중 가장 중요한 것은 꿈과 비전이다. 꿈은 조직에는 이정표이자 무한한 에너지이고, 개인에게는 심장을 달구는 엔진이다. 꿈과 관련해 큰 목표를 설정한 뒤 '안 된다'라는 생각을 버리고 끝까지 물고 늘어진다면 결국 꿈은 이루어진다. 꿈이 없다면 병사들의 승리에 대한 열정을 불러일으킬 수 없을 것이며, 새롭게 시작한 스타트업 회사는 역경을 헤쳐나갈 동력이 없을 것이다. 즉 '이번 전쟁에서 이기면 젖과 꿀이 흐르는 저 들판뿐만 아니라 그곳의 모든 전리품과 획득한 토지는 바로 우리 차지가 된다'라는 꿈과 비전이 병사와 장교들의 열정과 용기를 끌어내는 원동력이 된다. 기업 역시 조직의 비전을 설정하고, 이를 일관성 있게 추진하지 않으면 살아남기 힘들다. 경영 방법 중에서 '비전 경영'이 가장 활용도가 높다는 조사 결과도 있다. 비전이 있기에 지금의 어려움을 견딜 수 있고, 사기가 떨어진 직원의 어깨를 두드리며 다시 한번 그들의 열정을 불러일으킬 수 있다.

비전은 목표를 확실히 함으로써 조직의 구성원을 뭉치게 하고, 비전 달성을 위한 전략 효과를 높이며, 각 구성원의 능력을 길러 리더에 대한 의존도를 낮춘다. 한 설문조사에 의하면 "일하면서 언제 가장 만족을 느끼는가?"라는 질문에 직원들은 "회사와 직원들의 비전이 하나로 움직이는 것을 볼 때"라고 대답했고, 경영자는 "한 가지 목표와 비전을 향해 함께 일하고 있음을 느끼는 순간 관리자로서 가장 행복하다"라고 답했다. 이처럼 리더와 직원들의 꿈과 비전이 일치하면 조직은 신바람 나게 일할 수 있는 분위기가 조성된다.

리더는 끊임없이 비전을 제시할 수 있어야 한다. 특히 지금껏 달려온 목표가 더는 장래성이 없을 때나 성과가 나지 않을 때는 새로운 목표를 설정하고 새로운 비전을 제시하며, 구성원과의 적극적인 의사소통을 통해 그들에게 경영

방침과 전략을 이해시켜야 한다. 그러지 않으면 구성원이 같은 생각과 같은 방향으로 나아갈 수 없다.

조직의 꿈과 비전을 뜻하는 동양의 용어는 '도道'이다. 도가 있는 조직은 가야 할 길과 목표가 있다는 것이다. 도는 '수首'와 '착辶'의 합자다. 수首는 '지도자의 머리'이고, 착辶은 '간다行'의 뜻으로, 도는 '지도자가 머리를 휘날리며 목표를 정하고 사람을 이끄는 모습'을 나타낸다. 모든 사람이 한 가지 목표를 공유하고 한길로 나아가는 모습이 도이다. 도가 있는 조직은 구성원 간에 비전을 공유하고 꿈이 같은 조직이다.

도道는 '인도하다'라는 뜻의 도導와 같다. 리더십leader-ship의 리드lead는 도導이다. 지도자指導者는 인도자引導者로, 갈 곳을 정해 길을 안내하는 사람이 지도자다. 좋은 지도자는 자신을 따르는 사람들을 좋은 길로 안내하고, 그들이 그 길을 따라오도록 만드는 사람이다. 비전은 조직원에게 다가올 미래의 꿈과 희망을 제시하고, 가치 판단의 기준을 제공하며, 몸과 마음을 헌신하도록 동기를 부여한다. 가정에서도 마찬가지다. 가야 할 길이 명확하면 가족이 하나로 뭉친다. 그 일체감과 화합이 가족 관계를 더욱 돈독하게 하고, 어려운 상황에서도 생존하게 만든다.

모두가 하나의 목표를 가지고 그곳을 향해 달리는 데 중요한 것은 신념이다. 신념은 인간의 위대한 힘의 근원으로, 세상에 큰 업적을 남긴 사람 모두가 위대한 신념의 소유자라는 사실은 많은 문헌에서 입증되고 있다. 새로운 변화를 빠르고 적절하게 수용하는 적응력, 사업상 급제동이 걸리는 데서 오는 온갖 충격을 불굴의 도전 정신으로 극복하고 악조건에서 싸우는 정신력이 신념이다. '긍정적 사고'의 창시자로 알려진 노먼 빈센트 필Norman Vincent Peal 박사는 신념의 위력과 적극적 사고의 힘을 강조하면서 "성공은 신념의 산물이며, 신념을 가진 사람은 기적에 가까운 일을 현실화한다"라고 이야기했다.

《손자병법》에는 '상하동욕자승上下同欲者勝'이라는 말이 있다. 상하上下는 장군과 병사를 가리키고, 동욕同欲은 같은 목표와 꿈을 말한다. '장군부터 최하위 병사까지 같은 목표를 가진다면 승리한다'라는 뜻으로, 전장에서 군대가 마지막까지 살아남으려면 장군과 말단 병사까지 같은 목표를 향해 같은 꿈을 가지는 것이 중요하다는 의미를 담고 있다. 그러려면 장군이 정확하게 비전을 제시하고 병사들이 그 비전을 공유하는 것이 우선되어야 함을 잊지 말자. 수많은 전쟁의 역사를 보더라도 같은 꿈을 가진 군대가 승리했다. 아무리 물자가 풍부하고, 병력의 수가 많더라도 명분이 없고, 꿈이 없고, 비전이 없다면 전투력이 떨어져 패배의 결과를 맞이하게 된다.

현대 기업 문화에서도 같은 원리가 적용된다. 즉 리더는 조직의 목표와 비전을 명확히 제시해야 하고, 조직의 구성원과 비전 공유가 이루어져야만 치열한 경쟁에서 살아남을 수 있다. 이 사실에 누구도 이의를 달지 못할 것이다. 리더는 꿈을 제시하고 그 꿈을 안내하는 '꿈 창시자dream creator'인 것이다.

| 2 |

인화가 조직을 하나로 만드는 경쟁력이다

꿈과 비전을 달성하기 위해서는 목표를 정확히 이해하고 공유해야 한다. 단위 조직의 모든 구성원이 목표를 정확히 알고 같은 꿈을 꿀 때 비전과 꿈은 이루어진다.

맹자는 이런 조직 문화를 '인화人和'라고 했다. 그리고 전쟁론에서 적과 싸우는 군대가 성을 지킬 수 있는 세 단계 요소를 제시했다. 먼저 '천시天時'다. 천시는 하늘의 운세, 기상 조건, 외부 환경 등을 말하는데 외부 환경이 나를 도와주는가를 뜻한다. 상대방이 내게 화살을 퍼부을 때 바람이 반대 방향으로 불어준다면, 반대로 내가 상대방에게 화살을 쏠 때 순풍이 불어준다면 전쟁에서 무사히 성을 지켜내고 승리를 얻을 수 있다. 목표를 달성하는 데도 하늘의 요소가 무엇보다 중요하다. 새로운 아이템으로 신사업을 시작할 때마다 경제 환경이 자신에게 유리하게 작용하면 승승장구할 수밖에 없다. 사람들은 천시를 운이라고 하지만, 천시를 분석하고 하늘의 때에 맞춰 조직의 방향과 전략을 수립하는 것은 실력이다.

그다음은 '지리地利'다. 기업마다 항상 하늘의 운세가 영향을 주지는 않는다. 즉 일관성 없는 하늘의 운세만 믿고 목표가 달성되기만을 바랄 수는 없다. 그래서 맹자는 "지리가 천시보다 더 중요하다"라고 말했다. 지리는 지형적 이점, 내부적 역량을 뜻하며 나아가 물질적 조건까지도 포함한다. 지키고 있는 성이 견고하고, 적을 막아주는 연못도 깊고, 군량미가 충분할 뿐만 아니라 무기까지 좋다면 운세보다 더 큰 위력을 발휘할 것이란 뜻이다. 오늘날 기업으로 보면 자본과 신기술 등을 확실하게 갖춘 상태를 말한다. 지리는 내부적 역량이다. 내부적 역량이 강하고 시스템이 잘된 조직은 지리를 갖추었다고 할 수 있다.

다음으로 지리보다 더 중요한 것이 있다. 바로 '인화'다. 아무리 천시와 지리가 좋아도 성을 지키고자 하는 병사들의 화합과 단결이 없다면 쉽게 무너지고 말 것이다. 목표가 확실하고 기술력과 충분한 지원도 있는데 목표를 달성하지 못하는 이유는 결국 인화가 깨졌기 때문이다. 아무리

운이 따라주고 지리적 이점이 있어도 모든 병사가 무기를 버리고 도망가면 전쟁에서 당연히 질 수밖에 없다. 맹자는 "하늘의 운세가 아무리 좋아도 지형적 이점만 못할 것이고 天時不如地利(천시불여지리), 지형적 조건이 아무리 좋아도 인화만 못할 것이다地利不如人和(지리불여인화)"라고 하면서 인화의 문화를 만드는 것이 리더인 군주의 역할이라고 말했다. 리더가 목표를 명확하게 정하고, 구성원들이 자발적·의욕적으로 목표를 공유하게 한다면 반드시 이루어질 것이다.

인화야말로 지금보다 한 단계 높은 수준을 달성할 수 있는 가장 중요한 요소다. 맹자는 이 논리를 펼치면서 이렇게 말했다. "성이 높지 않은 것도 아니고, 연못이 깊지 않은 것도 아니고, 병기와 갑옷이 견고하고 예리하지 않은 것도 아니며, 군량미가 적은 것도 아닌데, 이것을 버리고 병사들이 도망가는 것은 결국 물질적 조건이 인화보다 못하다는 증거다. 국민은 영토로 확정 짓는 것이 아니고, 국토는 산과 강으로 결정짓는 것이 아니며, 천하의 위엄을 떨치는 것은 군사력으로 하는 것이 아니다."

월급을 준다고 해서 회사가 직원들의 마음을 얻을 수 있는 것이 아니고, 회사에 속해 있다고 해서 직원 모두가 회사를 위해 최선을 다할 것이라고 단언할 수도 없다. 또한 아무리 좋은 시스템을 갖췄다고 해도 강제로 모든 구성원이 그 시스템을 인정하고 지키게 할 수는 없다. 그보다 더 중요한 것은 구성원 모두가 얼마나 같은 꿈을 꾸고 있고, 얼마나 조직이 원하는 목표를 위해 같이 갈 마음의 준비가 되어 있느냐는 것이다.

우리가 흔히 쓰는 가훈 중 하나인 '가화만사성家和萬事成'에는 위대한 정신이 담겨 있다. 가정이 무너지는 것은 남편의 실직도 아니요, 세월의 험난함만도 아니다. 가족들의 화和가 깨졌을 때 가정은 더는 존립 기반을 잃게 되는 것이다. 화는 꿈과 비전에 대한 공유다. 결국 가화만사성에는 꿈을 달성하겠다는 정신이 담겨 있는 것이다.

《손자병법》에서는 상산常山에 사는 솔연率然이라는 죽지 않는 뱀 이야기로 인화를 설명한다. 내용은 이렇다.

상산은 산의 이름인데, 이 산에는 솔연이라 불리는 뱀이 산다. 솔연은 불사不死의 뱀이다. 머리首를 때리면 꼬리尾가 달려들고, 꼬리를 때리면 머리가 달려든다. 몸통中을 때리면 머리와 꼬리가 동시에 달려든다. 이 뱀은 이렇게 해서 절대 죽지 않는다.

이는 《손자병법》에서 꿈꾸는 가장 완벽하게 '화'를 이룬 조직의 모습이다. 어떤 조직이든 이렇게 하나가 되어 목숨을 걸고 서로를 지켜준다면 그 어떤 위기 상황에서도 무너지지 않는 막강한 조직이 될 것이다. 위기에 처했을 때 혼자만 살려고 발을 빼는 리더나, 동료를 뒤에서 짓밟고 혼자만 살아남겠다는 사람이 있으면 조직의 목표 달성은 불가능하다.

《손자병법》에서는 솔연 같은 똘똘 뭉친 조직을 만드는 방법으로 '오월동주吳越同舟' 이야기를 꺼낸다.

오나라와 월나라 사람들은 서로 미워하는 원수지간이다. 그런데 이들이 같은 배를 타고 강을 건너가다 바람을 만나면 서로를 위해 목숨을 바치는데, 그 모습이 마치 왼손과 오른손처럼 일사불란하다.

평소 아무리 미워하는 사람이라도 같은 배를 타고 운명을 같이한다고 생각하면 미움은 사랑으로, 갈등은 화해로 바뀔 것이란 말이다. 우리가 '한 지붕 두 가족' 정도의 뜻으로 사용하고 있는 오월동주의 원래 의미는 '서로 다른 생각을 하는 구성원들을 한배에 태워 형제가 되게 하라'이다. 손자의 고민은 '어떻게 조직의 힘을 극대화할 수 있을 것인가?'였고, 해답 중 하나가 조직원들이 일체감을 느끼게 하는 것이었다. 일체감을 느끼고 인화의 정신으로 목표를 향해 나아가는 조직, 이런 조직을 만든 리더라면 구성원들이 자발적으로 목표를 공유하고 이를 달성하기 위해 최선을 다할 것이라는 이야기다.

인화가 이루어지면 병사들은 특별히 지시하지 않아도 스스로 먼저 조심하고, 약속하지 않았는데도 단결하고 서로 친할 것이요, 장군은 일부러 애쓰지 않아도 병사들의 마음을 얻게 될 것이며, 호령하지 않아도 병사들에게 신뢰를 얻을 것이다.

손자의 말대로라면 이런 조직은 최상의 조직이다. 리더가 명령하거나 지시하지 않아도 그들이 먼저 긴장하고, 복종하고, 단결하고, 서로 믿는, 정말 완벽한 조직의 모습이다. 상산에 사는 솔연처럼, 한배를 타고 바다를 건너며 거친 파도를 헤쳐나가는 사람들처럼 서로를 위해 최선을 다하고 한마음 한뜻으로 조직의 작은 목표를 하나하나 달성하다 보면 결국 최고의 목표를 달성할 수 있다.

구성원의 요동치는
사기를 분석하라

관리자는 조직이 위기에 빠졌을 때 대안을 만들고 돌파할 수 있는 능력을 갖춰야 한다. 아무리 조직의 구성원이 비전을 공유하고 나아간다고 해도 위기 상황은 오게 마련이다. 이때 관리자가 비전의 신념을 보여주지 않으면 조직원들은 흔들릴 것이고, 이는 조직의 붕괴로 이어질 수 있다.

개인이나 단위 조직의 구성원 전체가 자발적이고 의욕적으로 일하도록 하기 위해서는 우선 의욕에 영향을 미치는 여러 요소를 잘 다루어야 한다. 직원들은 목표에 대한 열정과 의욕을 보이다가도 때로는 사기가 떨어져 보신과 안일의 일상을 보낼 때도 있다. 조직의 비전에 도달하고자 하는 꿈이 조직의 모든 구성원에게 늘 충만한 것은 아니다.

개인이든 개별 조직이든 꿈에 대한 열정은 극에서 극으로 요동친다. 어떤 리더도 모든 구성원의 의욕을 항상 최고의 수준으로만 만들어나갈 수는 없다. 문제는 사기가 떨어진 직원들의 의욕을 어떻게 다시 끌어올리는가이다. 이는 리더의 중요한 역할이다.

《손자병법》에서는 하루의 변화를 병사들의 의욕에 비유한다.

> 병사들의 아침 기세는 날카롭지만朝氣銳(조기예), 한낮 기세는 게을러지고晝氣惰(주기타), 저녁 기세는 집에 돌아갈 생각만 한다暮氣歸(모기귀).

전쟁을 오래 끌면 끌수록 군대는 무뎌지고, 병사들의 사기는 꺾인다고 손자는 말했다. 손자가 어떻게 하면 부대의 사기를 아침 기운처럼 최상으로 유지할 것인가 고민했던 문제는, 오늘날 리더가 어떻게 하면 직원들의 의욕을 최고도로 유지할 것인가의 문제와 근본적으로 같다.

자신이 통솔하는 조직 구성원들의 사기를 어떻게 최상의 상태로 끌어올릴 것인가? 회식 몇 번 하는 것으로는 사기가 유지될 수 없다. 당근과 채찍의 적절한 사용도 고전적 방법이다. 병사들의 의욕이 왜 떨어졌는지를 정확히 파악해 원인을 제거해야 한다.《손자병법》에서는 병사들의 의욕 관리 요소를 몇 가지 제시하고 있는데 실현 가능한 목표 설정, 공과에 따른 적절한 물질적 보상, 조직에 대한 신뢰 등이 있다. 이런 몇 가지 원칙을 상황에 따라 적용했을 때 조직의 전력은 상승한다는 것이다.

한나라 무제武帝 때 서역 정벌을 떠난 장군이 병사들의 사기를 높이기 위해 고민했는데, 그 해답을 잘 보여주는 이야기가 하나 있다. 바로 주천酒泉이라는 서역의 어느 도시 이름에서 유래된 이야기다.

한나라 무제 때 곽거병霍去病이란 장군이 황제의 명을 받아 병사들을 이끌고 기약 없는 서역 정벌에 나섰다. 처음 정벌에 나선 군사들의 사기는 자못 기세가 높았다. 그러나 시간이 지날수록 언제 돌아갈지도 모를 고향 생각에 병사들의 사기는 하루가 다르게 꺾여갔고, 심지어 탈영병까지 속출했다. 장군은 이런 상황을 두고 어떤 리더십으로 군사의 사기를 높일 것인지를 고민하고 있었다. 이때 황제로부터 술이 한 병 하사되었다. 황제가 서역 정벌에 나선 장군의 노고를 위로하며 보내온 술이었다. 황제도 서역 정벌에 나선 장군의 사기를 높일 방법을 고민했을 것이고, 그래서 술을 장군에게 보내는 리더십을 발휘한 것이다.

병사들의 사기 진작을 고민하던 장군은 황제가 내린 술을 받고, 그 술을 병사들의 사기를 높이는 데 쓰기로 했다. 장군은 전령에게 명해 모든 병사를 집합시켰다. 병사들을 사막의 오아시스 주위로 모아놓고 장군은 이렇게 말했다.

"병사들이여! 우린 황제의 명을 받들고 한 제국의 명예를 높이기 위해 서역 정벌에 나섰다. 우리의 길은 험난했지만 여러 병사의 불굴의 투지와 용기가 우리를 더욱 강하게 했다. 이에 황제 폐하께서는 우리의 노고를 위로하기 위해 술을 하사하셨다. 이제 우리 황제께서 내리신 술을 마시자!"

장군의 연설은 훌륭했지만 한 병의 술은 많은 병사를 만족시키기에 턱없이 부족했다. 그때 장군은 술병을 들고 오아시스 앞으로 가서 안에 있던 술을 모두 부어버렸다. 순간 병사들의 눈은 휘둥그레졌다. 장군은 병사들에게 소리쳤다.

"병사들이여! 황제가 내리신 술은 저 오아시스의 물이 되었다. 모두 잔을 들어 황제가 하사한 술을 마시자!"

기막힌 발상의 전환이었다. 병사들은 오아시스의 물을 마시면서 눈물을 흘렸다. 그것은 더 이상 맹물이 아니었다. 황제가 병사들에게 내린 한 잔의 술이었다. 장군이 고민하던 병사들의 사기는 충만해졌고, 리더의 역할도 충분히 수행하게 되었다.

그때부터 역사가들은 그 도시를 '술의 샘'이라는 뜻으로 주천酒泉이라고 불렀다. 중국은 2003년에 세계 세 번째로 유인 우주선을 쏘아 올렸는데, 그 위성 발사 기지가 곽거병 장군이 술을 쏟아부은 주천에 있다는 것은 우연의 일치가 아닌 듯싶다. 인구 30만 명의 작은 도시는 그런 따뜻한 리더의 마음이 배어 있는 곳이다.

의욕은 심리적 측면이기 때문에 눈에 잘 보이지 않고 측정하기도 곤란할 뿐 아니라 의욕에 작용하는 요소들도 매우 복잡하고 다양하다. 하지만 곽거병 장군의 모습을 통해 의욕을 다루는 리더의 모습을 배울 수 있다. 곽 장군의 행동이야말로 병사들의 사기를 정확히 분석해내고 이를 상황에 따라 조절하는 리더십의 표본이다.

| 4 |

작은 생선을 굽듯이
구성원을 대하라

동양철학을 인간 경영학이라고 한다. 동양철학은 '인간'을 가장 큰 주제이자 우주의 중심으로 보기 때문이다. 인간을 어떻게 운용하는가가 정치의 주제였고, 통치자의 가장 큰 과제였다. 공자의 모든 메시지도 인간 경영에 집중되어 있다. 누군가 신을 어떻게 섬겨야 하는지를 물었을 때 공자는 "인간을 섬기는 방법事人도 모르는데, 어떻게 신을 섬기는 법을 안단 말인가?"라며 그의 질문을 힐책했다. 인간만이 모든 관심의 주제라는 대답이었다.

조직의 구성원이 자신의 능력과 재능을 발휘해 조직의 목표를 자발적으로 추구해나간다면 그 조직의 미래는 밝다. 그러나 지쳐서 열정을 잃고 헤매는 구성원에게 소리치고 윽박지르면 의욕이 살아나기는커녕 있던 열정마저 사라지고 만다. 꿈은 스스로 꾸게 만들어야지 설득해서는 안 된다. 직원 스스로 자신을 설득하게 만들어야 한다.

동양철학에서 인간의 의욕과 조직 단위를 경영하는 데 '조용한 리더십'을 강조한 것이 바로 도가道家 철학이다. 도가 철학의 효시인 노자의 《도덕경》은 고함과 소리를 지르는 리더가 가장 무능하다고 말한다. 조용한 '무위無爲의 리더십'을 통해 경영하라는 노자의 외침은 오늘날 효과적인 환경 조성의 한 단서를 제공한다.

- 불언지교不言之敎: 리더는 말을 아껴야 한다. 말을 할수록 그 말에 발목이 잡힌다.
- 상선약수上善若水: 리더는 물처럼 자신을 낮추고, 모든 공을 신하들에게 돌려야 한다. 자신이 공을 누리려 하면 신하들이 떠난다.
- 무위이무불위無爲而無不爲: 리더는 신하들을 다스릴 때 스스로 할 수 있는 무위의 리더십을 펼쳐야 한다. 자꾸 직접 간섭하고 강요하면 그들은 반발할 것이다. 스스로 할 수 있는 분위기를 만들어주는 것이 리더의 역할이다.

이런 《도덕경》의 메시지는 수천 년간 중국 황제들의 리더십으로 여겨져 왔다. 《도덕경》에서 말하는 조용한 리더십을 한마디로 정의하면 무위의 리더십이다. 무위는 '아무 것도 하지 않는다'라는 소극적인 의미가 아니라 '조직원들이 스스로 할 수 있도록 분위기를 만들기 위해 강요하지 않는다'라는 적극적인 의미의 표현이다. 사실 일 안 하는 직원에게 일하라고 소리 지르는 것보다 그 직원이 자신의 역량과 열정을 발휘하도록 환경을 만들어주는 것이 더 하기 힘든 적극적인 행위라는 것이다. 직원들이 스스로 목표를 정하고, 이를 달성하기 위해 자발적으로 행동하면 그 조직의 장래는 밝다. 내가 하는 일에서 보람을 찾고, 그 속에서 내 인생이 더욱 의미가 있다면 일과 인생이 완전한 합일을 이루었다고 할 수 있다.

무위의 리더십을 가장 잘 표현해주는 개념이 《도덕경》 제60장에 나오는 '치대국 약팽소선治大國 若烹小鮮'인데, '큰 나라를 다스리는 지도자는 작은 생선을 굽는 것처럼 조직을 이끌어야 한다'라는 뜻이다. 이 사자성어는 교수들이 선정하는 '꿈과 희망을 가장 잘 대변하는 사자성어'로 뽑히기도 했다. 작은 생선을 구워본 사람은 이 말의 뜻을 금방 이해할 것이다. 크기가 작은 생선을 구울 때 불을 세게 높이고 빨리 안 익는다며 이리저리 뒤집는 것은 아주 어리석은 방법이다. 불의 세기만 잘 조절해주면 완벽하게 익는다. 구성원들은 이런 작은 생선과 같다. 일 못하는 직원을 들볶고 무능하다고 욕하기보다는 그들이 열정을 발휘할 수 있는 환경을 만들어주어야 한다. 이것이 노자가 말하는 무위 철학의 핵심이다. '이 조직은 내 인생을 걸어볼 충분한 가치가 있다' '학벌과 상관없이 누구나 노력하면 회사는 반드시 보상해준다'라는 문화가 조성된 회사라면 손자의 말처럼 '병사들은 공격하지 말라 해도 공격할 것이고, 싸우지 말라 해도 목숨을 걸고 적을 향해 뛰어가는' 최상의 직원들이 될 것이다.

유능한 리더는 직원들의 업무를 시시콜콜 간섭하거나 그들의 무능을 탓하지 않는다. 모든 직원이 최선의 능력을 발휘할 수 있는 기업 문화와 시스템을 만드는 사람이다. 소리 지르며 윽박지르기보다는 그들의 열정을 끌어낼 수 있는 환경을 만들어라! 조직을 이끄는 지도자는 작은 생선을 굽듯이 끌고 가야 한다는 '약팽소선'의 리더십을 항상 기억해야 한다. 비록 생선 굽는 이야기를 빗대어 조직원들의 열정을 북돋아주라고 이야기했지만, 오늘날 조직의 리더가 직원들의 의욕을 불러일으키기 위해서 과연 무엇을 해야 하는지를 절실히 보여주는 지도 철학이니 반드시 가슴에 새겨야 한다.

또한 맹자의 '발묘조장拔苗助長'이라는 성어가 있다. 글자 그대로 해석하면 '억지로 싹苗을 뽑아서拔 성장長을 돕는다助'는 뜻이다. 모가 빨리 자라지 않는다고 억지로 뽑아서 자라게 하려고 했던 어리석은 송宋나라 농부, 그의 조급함에 결국 모두 말라 죽고 말았다. 순리와 자연스러운 환경을 조성하는 것이 결국 구성원들이 스스로 목표를 달성하려는 적극적인 의지를 불러일으킬 수 있다. 이 사자성어는 군주가 백성을 통치할 때 자기 생각을 너무 강조한 나머지 간섭과 규제로 통치하면 결국 백성들의 마음이 떠나게 될 것이란 경고의 뜻으로, 동아시아 정치론에서 자주 사용하는 구절이다. 기업이 구성원들에게 목표를 정해주고 타율적인 규제로 그 목표를 강요한다면 결국 그것은 조장助長이 될 것이며, 그 결과 역시 좋지 않을 것이라는 논리다.

비전과 꿈의 추구는 강요 때문에 감정적으로 되어서는 안 된다. 전국시대 여러 나라의 군주들을 만나며 자신의 정치적 이상과 비전을 실천하려 했던 맹자는 "조장하지 말라"는 그의 주장을 이러한 이야기에 빗대어 말한다.

송나라의 한 농부가 매일 논에 나가 자기 논에 심은 벼의 모를 바라보았다. 그런데 모는 조금도 자랄 기미가 보이지 않아 안타까웠다. 초조해진 농부는 논 주위를 서성거리다가 모들이 자라는 것을 도와줄 방법을 생각하게 되었고, 결국 농부는 억지로라도 모가 자랄 수 있도록 자기가 도와주어야 한다는 결론에 도달했다. 그러고는 논으로 달려가 모를 하나하나 뽑아서 키를 높게 했다. 그는 아침부터 해가 질 때까지 온 힘을 다해 모 뽑는 일을 했다. 그리고 저녁에 집에 돌아가 아주 피곤하다며 온 집안 식구들을 모아놓고 자신이 한 일을 자랑했다. 그 말을 들은 아들은 사태의 심각성을 인지하고 황급히 논으로 달려갔는데, 아니나 다를까 논의 모는 모두 뽑혀 말라 죽어 있었다.

이 이야기는 모든 일에는 순리가 있으며, 순리를 거슬러 억지로 조급하게 일을 처리하면 결국 망칠 거라는 경고를 하고 있다. 일에는 순리가 있는 법이다! 이를 어기고 독선과 독단으로 일을 처리할 때 그 결과는 자명하다. 당장은 모든 것이 잘되어가는 것같이 보이지만, 그 속에는 조장의 인위人爲와 무리無理가 있기에 결국에는 최악의 상황을 맞이한다는 섬뜩함이 엿보이는 이야기이다.

스스로 하는 것을 재촉하지 않고 기다려주는 인내심과 함께 먼저 솔선해 실천하는 모습도 중요하다. 경영자의 언행은 직원에게 큰 영향을 미친다. 어떤 기업의 사장은 이렇게 말했다. "직원들이 하나를 하기를 원한다면 경영자는 먼저 열을 해야 한다. 그러지 않으면 그 하나도 제대로 되지 않을 것이다." 이 말은 지도자가 솔선을 보여줌으로써 고통은 먼저 맛보고, 결과는 남들보다 늦게 누리는 태도를 보이면 엄청난 감화력과 효과를 얻을 수 있다는 사실을 잘 설명해준다.

지도자의 정신 자세는 한 기업을 일으키기도 하고 망하게 하기도 한다. 직원들이 움직이지 않는다고 탓할 것이 아니라 내가 솔선해 먼저 길을 걸어간다면 나를 모범 삼아 직원들도 따라올 것이다. 원래부터 문제가 있는 직원은 없다. 그런 직원이 있을 수밖에 없는 조직 환경을 만든 문제 리더가 있을 뿐이다.

상처 입은
영혼을 위로하라

현대사회에서 조직이 생존하는 데 중요한 것은 비전과 꿈을 제시하는 것이다. 리더가 그 꿈을 직원들과 공유해 같은 길로 나아간다면 그 조직은 결국 최후의 승자로 남을 수 있다. 모든 병법에서도 조직이 원하는 목표를 향해 병사들이 목숨 걸고 용감하게 돌격하느냐, 아니면 겁쟁이가 되어 뒤로 주춤하느냐는 병사의 능력이 아니라 그 조직이 같은 꿈과 비전을 얼마나 공유하느냐가 관건이라고 이야기한다.

리더는 상처 입은 직원들의 마음을 치료해주는 사람이다. 꿈을 잃고 헤매는 직원들에게 소리 지르고 위협을 가하는 상사가 아니라, 그들의 상처를 어루만지고 다시금 용기를 내어 같은 길로 가게 만드는 사람이 리더다. "뭔가 회사가 잘 돌아가지 않는다""내 의견이 상부에 충분히 전달되지 않는다" "회사의 경영 방침이 자주 바뀐다""부서 간에 의견이 항상 충돌한다""직원들의 이직이 빈번하다" 등의 이야기가 나온 다면 그 회사는 뭔가 아픈 상처가 확장되고 있는 것이다. 이 때 제아무리 훌륭하고 확실한 비전을 제시한다고 해도 모두 가 공유하고 실행하지 못한다면 아무런 의미가 없다.

개인의 꿈과 목표를 조직의 목표에 맞춰나간다는 것은 쉬운 일이 아니다. 어떤 조직이든 모든 구성원이 같은 꿈을 꾼다면 반드시 마지막까지 생존하게 될 것이다. 비전의 제 시와 공유는 조직의 생존 목표다. 때로는 물질적 보상으로 동기를 유발하고, 때로는 사기가 떨어졌을 때 따뜻함을 전 하고, 때로는 같은 배를 타고, 때로는 절박한 위기감을 조성 해 꿈과 비전을 공유해나가는 것이 진정한 리더의 자세다.

뛰어난 경영자는 직원들이 기업에서 차지하고 있는 지 위와 역할을 중시해 온갖 방법으로 그들을 동원하고, 그들 에게 의존하며, 그들의 적극성을 불러일으켜 최대한의 능 동성과 창조성이 발휘되도록 만든다.

꿈은 확실한 이정표요, 심장을 달구는 엔진이다. 힘들고 지친 자를 다시 일으켜 세우는 무한한 에너지인 꿈, 꿈에 대한 열망으로 안 된다는 생각을 버리고 끝까지 물고 늘어 져야 한다. 결국 꿈은 반드시 이루어진다.

瞞 天 過 海
만천과해

하늘을 속이고 바다를 건너라

병법 36계에서 첫 번째 계책이 '만천과해瞞天過海'다. 속여서라도 목표를 공유함으로써 함께 돌격하게 만들어야 한다는 것이다. 하늘天은 속여야 할 대상이다. 임원의 관점에서 보면 사장일 수도 있고, 사장의 입장에서 보면 직원일 수도 있다. 가야 할 확실한 목표가 있는데 주춤하고 있다면 그들을 속여서라도 비전을 공유하게 해야 한다. 바다海를 건너가야過 하는데, 두려움에 머뭇거린다면 바다를 가리고 육지로 포장해서라도 그들을 전진하게 해야 한다. 앞에 바다가 있더라도 평지라고 속여瞞 일단 진격하게 한다. 바다에 들어가면 뒤돌아갈 수 없으니 어쩔 수 없이 함께 바다를 건너야 한다. 그리고 바다를 건넌 후 솔직히 자신의 거짓을 고백한다. 속였다는 이유로 처벌을 받을 수 있다. 그래서 하늘을 속이고 바다를 건너는 만천과해의 전략은 자신의 목숨을 걸고 하는 것이다.

속인다는 뜻의 만瞞은 《손자병법》에서 긍정하는 글자다. "전쟁兵은 속이는 도詭道이다." 궤詭 역시 속인다는 뜻이다. 나의 실체를 숨기고, 나의 의도를 감추고, 나의 방향을 모르게 하는 것은 승리를 위한 기초다. 명분과 타인의 평가에 귀 기울이는 사람은 자신의 명예는 얻을 수 있을지언정 조직의 생존은 포기하는 사람이다. 타인의 좋은 평가를 위해 자기 병사를 죽게 하고,

자기 조국을 망하게 한다면 어떤 이유에서든 용납될 수 없다. 카르타고의 명장 한니발은 전략적 열세를 극복하기 위해 로마군을 속이고 피레네와 알프스산맥을 넘어 로마로 진격했다. 지중해를 지나 로마로 공격할 것이란 상식을 깨고 로마군을 속인 것이다.

조직은 가야 할 목표가 있고, 목표를 달성하지 못하면 직원들은 거리로 내몰리고, 회사는 흔적도 없이 사라진다. 눈앞의 위험에 주춤하거나 두려워하고 있다면, 그들의 눈을 가려서라도 목표를 향하게 해야 한다. 꿈과 비전은 공유하기 위한 전략, 하늘을 속이고 바다를 건너라는 만천과해의 전략이다.

2장

능력을 계발하라

내일에 맞는
나를 준비한다

여름은 매미 울음소리에 시작되고 그 울음이 그치면 끝
난다. 매미가 성충으로 살아 있는 기간은 일주일, 길어봤자
한 달인데, 그 기간을 위해 적게는 6년에서 많게는 17년이
라는 기간을 애벌레로 지낸다. 이렇게 애벌레로 몇 년이고
참고 기다리는 매미는 생존을 위해 우리가 얼마나 많은 인
내와 인고의 시간을 가져야 하는지를 잘 가르쳐준다.

애벌레에 불과하던 매미가 성충이 되어 금빛 날개의 화
려한 모습으로 탈바꿈하는 순간은, 영역과 경계를 구분하
지 않고 자유롭게 넘나드는 무계신선無界神仙의 유연함과
분방함을 느끼게 한다. 옛날 사람들은 자연에서 매미의 화
려한 변신을 통해 생존의 원칙을 보았을 것이다. 그것을

생존 전략으로 이용한 것이 병법 21계 '금선탈각金蟬脫殼'의 전술이다. 금빛金 매미蟬가 껍질殼을 벗는脫 것은 새로운 상황에 대한 적응이고, 인내하고 기다린 자의 화려한 변신의 성공이다. 매미에게 완성과 끝은 없다. 끊임없이 자기 모습을 포기하고 버림으로써 새로운 모습으로 진화한다. 옛 모습에 집착해 새로운 상황을 받아들이는 일에 주저했다면 매미는 지구상에서 벌써 멸종되었을 것이다. 과거에 안주해 다가오는 상황에 적응하지 못하면 영원히 생존에 실패한다는 이치를 자연은 우리에게 보여준다.

《손자병법》에서는 "군대의 모습은 물을 닮아야 한다兵形象水(병형상수)"라고 강조한다. 이 말을 확대 적용하면, 인간의 모습도 물을 닮아야 한다. 물은 높은 곳에서 아래로 흘러내린다. 물의 움직임은 순리順利다. 다가오는 상황을 거부하거나 역류하지 않는다. 애벌레가 순리라면 애벌레로 존재하고, 금빛 날개의 매미가 될 상황이라면 애벌레 껍질을 훌훌 털어버릴 줄 안다. "물이 지형에 따라 물줄기를 바꾸듯 사람도 상황 변화에 따라 자기 모습을 변화시켜야 한다." 변함없는 상황이란 없다. 승리의 전술도 한 가지가 아니다. 과거에 승리한 전략으로 또다시 승리를 기대한다면 오산이다. 어제와 오늘이 다르듯 전략도 상황에 따라 끊임없이 바뀌어야 한다. "물에 일정한 모양이 없듯 사람도 일정한 모습이어서는 안 된다." 영원히 잘되는 사람도, 영원히 성공하는 사람도 없다. 모든 것이 잘될 때가 가장 위험한 순간이다. 오늘의 모습에 안주하지 말고 내일에 맞는 나를 준비해야 한다. 이것이 영원한 승리를 얻는 사람의 모습이다.

손자는 이렇게 상황 변화에 따라 나를 변화시켜 승리를 쟁취하는 군대를 신출귀몰神出鬼沒, '귀신같은 군대'라고 말한다. 인간으로 말하면 '귀신같은 사람'이다. 누구나 예측이 가능한 사람은 순간적인 승리밖에는 얻지 못한다. 귀신같은 사람은 누구도 예측하거나 짐작하지 못하는 영원한 승리를 얻는다. 어려울 때는 처음을 돌아봐야 한다. 고정된 나는 없다. 성공한 지금의 나도 실체는 아니다. 나는 매일 허물을 벗을 때 존재한다. 매미를 보면 생존이 보인다. 영원히 내 껍질에 집착하지 말라는 금선탈각의 정신은 어제의 나와 오늘의 내가 다르고, 오늘의 나와 내일의 내가 다르다는 일신日新의 생존 전략이다. 금선탈각은 능력 계발을 중시하는 이 시대의 중요한 화두가 아닐 수 없다.

금선탈각은 미래를 위해 역량을 축적해 자신의 모습을 새롭게 변화시켜야 함을 가르쳐주는 자연계의 스승이다. 개천에서 용 나는 것은 지렁이가 피 나는 자기 변신의 노력을 했기에 가능한 일이다. 어떠한 노력도 없이 용이 되기를 기대해서는 안 된다.

| 2 |

날마다 나를
새롭게 하라

《대학》에 '일일신日日新'이란 말이 나온다. 은나라 탕왕湯王이 세수하는 곳에 써놓고 날마다 자신을 되새겼다는 '苟日新 日日新 又日新(구일신 일일신 우일신)'에서 나온 구절이다. '진정으로 그날 하루가 새로웠다면 나날이 새롭게 살 것이며 또 나날이 새롭게 하라'는 뜻이다. 탕왕은 쿠데타를 통해 하나라 폭군 걸왕桀王을 몰아내고 은나라를 세운 혁명가였다. 그는 혁명가답게 '새로운 나'를 추구했다. 그가 날마다 세수하는 곳에 써 넣은 것이 일신의 화두였다. 그는 늘 변화를 모색했고 그에 맞춰 자기 능력을 개선했다. 그리하여 백성들을 도탄에서 구하고 천자 자리에 오를 수 있었다.

신新은 혁신innovation이다. 나를 끊임없이 개선해 새로운 모습으로 변신하라는 화두다. 어제와 다른 나, 오늘과 다른 내일의 나를 꿈꾸어야 한다. '선비는 사흘을 못 보면 눈을 비비고 상대해야 한다'라는 뜻의 '괄목상대刮目相對'란 고사가 있다. 《삼국지三國志》에 나오는 오나라 장수 여몽呂蒙은 무술과 전쟁에 능한 장군이었다. 그러나 오나라의 초대 황제 손권孫權은 여몽의 학문적 모자람을 자주 질책했다. 여몽은 이후부터 학문을 열심히 닦았고, 드디어 높은 수준에 도달할 수 있었다. 노숙魯肅이 후에 여몽을 보고 그의 학문적 수준이 지난날과 다름을 감탄하자 여몽은 대답했다.

선비는 사흘을 보지 않고 떨어져 있다 만나면士別三日(사별삼일), 마땅히 눈을 비비고 만나야 합니다卽當刮目相對(즉당괄목상대).

세상을 살면서 가장 큰 비극은 능력 없다는 소리를 듣는 것이다. 이를 듣고도 비극 의식이 싹트지 않는다면 더는 가능성이 없다. 그 한마디가 나의 가슴을 찔러 피가 나야 한다. 통렬한 고통을 느껴야 오늘과 다른 나를 계획할 수 있고, 사흘을 보지 않으면 눈을 뒤집고 봐야 할 정도의 실력을 갖추게 되는 것이다. 병법에서 장군은 늘 새로운 나를 만나는 사람이다. 새로운 상황을 분석하고, 새로운 전술을 창조하고, 새로운 전략으로 승리하는 혁신 리더가 바로 장군이다.

| 3 |

실력은 현장 경험에서
시작된다

    나이 지긋한 분들이 자주 쓰는 말 중 "산전수전山戰水戰 다 겪었다"가 있다. 현장에서 이런저런 모든 경험을 다 겪어보았다는 뜻이다. 《손자병법》에서는 산전과 수전에 두 가지를 더해 모두 네 가지 현장을 제시한다. 첫째, 산전山戰은 험난한 산악 지대에서의 전투다. 둘째, 수전水戰은 강이나 바다에서의 전투다. 셋째, 택전澤戰은 늪에서의 전투 경험이다. 넷째, 육전陸戰은 누구도 도와줄 수 없는 허허벌판에서의 전투 경험이다. 《손자병법》은 유능한 장군의 진정한 실력은 이처럼 다양한 현장에서의 경험과 실전이라고 본다. 현장은 모르고 병법 이론만 외우는 장군은 병사들의 목숨과 국가의 안위를 위태롭게 할 뿐이라는 것이다.

손자가 말하는 장군의 최고 덕목은 '지장智將'으로, 조직이 어려운 상황을 맞이할 때마다 지장의 능력은 더욱 빛난다. 실력 있는 장군 휘하의 병사들은 에너지가 충만하다. 또한 조직이 어려울 때마다 대안을 찾아내는 실력 있는 장군의 모습은 아름답다. 압도적인 실력이 있기에 그 리더의 한마디는 직원들을 신뢰하게 만든다. 《손자병법》에서 말하는 실력은 머릿속에 있는 병법이나 지식이 아니라 바로 현장을 읽어내는 능력이다. 현장에서 위기를 만났을 때 위기를 극복할 수 있는 능력이다. 병법이나 암기하고, 전략과 전술을 외우는 것은 실력이 아니다. 현장에는 나가지도 않고 막사에 앉아 오로지 공격과 후퇴를 명령하는 장군이 무능한 리더의 대표적 모습이다.

　이순신 장군은 병법보다는 현장을 읽어냈기에 성공한 장군이 되었다. 그는 현장에서 바닷물의 조류를 파악하고 기상 조건을 감지해 가장 현실적이고 적절한 전략을 수립할 수 있었다. 임진왜란이 일어나기 바로 전해인 1591년, 장차 왜적이 쳐들어올 것을 직감한 이순신 장군은 조정에서의 분당分黨에 의한 의견 대립을 무시하고 자신의 권한 범위 내에서 전쟁 준비에 들어갔다. 좌수영 본영 아래 모든 장정의 군사훈련과 장비를 점검하고, 우리 역사상 가장 훌륭한 무기인 거북선을 만들고, 군량을 확보하고, 지형과 지세를 숙지했다. 이는 이순신 장군의 현장 경험을 기반으로 한 유비무환의 자세였다.

실력은 현장에 대한 안목이다. 회사에 처음 입사한 신입 사원이 사무실에 앉아서 편하게 일하는 것만 선호한다면 그 사람에게 더 이상의 발전을 기대하기 힘들다. 성공한 사람들은 발로 현장을 뛰어다니면서 경험을 쌓고, 이를 자신의 실력으로 만들어온 사람이다. 오늘날 유능한 리더가 되려면 다양한 현장을 경험하고, 그 현장에서의 능력을 인정받아야 한다. 인턴 과정에서 능력을 보여주지 못한다면 조직의 생존을 책임질 리더가 되기에 부족함이 있다.

조직을 지휘하는 리더의 잘못된 행동 하나, 잘못된 말 한마디는 전체 병사들의 생사를 엇갈리게 만들 수 있다. 손자가 살았던 시대에도 머리만 갖고 싸우는 사람이 있었다. 《사기史記》의 〈염파 인상여열전廉頗 藺相如列傳〉에 실려 있는 조괄趙括이라는 장군이 바로 그렇다.

조나라에 조사趙奢라는 훌륭한 장군이 있었다. 그의 아들 괄은 머리가 영리해 아버지의 병법을 이어받아 병법에 능하게 되었다. 조사가 임종을 앞두고 부인에게 이렇게 유언했다.

"전쟁이란 사람이 죽고 사는 곳이오. 병법 이론만으로 승패가 결정되는 곳이 아니라는 말이오. 병법을 이론적으로만 논하는 것은 장수가 취할 태도가 아니오. 그러니 앞으로 괄이 대장이 되는 것을 막으시오. 괄이 대장이 된다면 조나라가 큰 변을 당할 위험이 있소."

그러나 조나라 왕은 진나라와의 전쟁에서 적의 전략에 휘말리자 괄을 장군으로 임명했다. 조괄이 40만 명의 군사를 이끌고 전쟁에 나갈 때 그의 어머니가 조나라 왕을 찾아가 아들을 절대로 장군으로 임명하면 안 된다고 진언했다. 왕이 그 이유를 묻자 괄의 어머니는 자기 아들은 머리로만 병법을 익힌 사람으로 전장의 경험이 전혀 없으며, 병사들의 목숨을 소중히 여기지 못하고 병법대로만 싸울 것이므로 그가 이끄는 조직은 절대 승리할 수 없을 것이라 말했다. 하지만 왕의 신임을 얻고 있었던 조괄은 결국 선장에 나가 자기 머리만 믿고 싸우다가 40만 명의 병사를 모두 생매장시키고 자신도 죽고 말았다.

산전, 수전, 택전, 육전을 다 경험하면서 현장을 발로 뛴 리더야말로 조직이 위기에 빠졌을 때 어려움을 극복할 수 있다. 실력은 머리가 아니다. 현장을 얼마나 이해하고 판독해낼 수 있는가, 그리고 얼마나 적절한 전략과 전술을 찾아내는가가 진정한 실력이다. 이러한 실력은 현장 경험에서 비롯된다. 현장 경험이야말로 리더가 갖춰야 할 진정한 실력이다.

| 4 |

어떤 분야든
끝까지 파고들어라

조선왕조 500년 역사에서 '선비'만큼 다양한 기능과 역할을 한 계층은 없다. 일본 역사의 사무라이 계층에 비견할 만한 조선의 선비 계층은 오늘날 우리가 재조명해야 할 필요가 있다.

일명 '책을 읽는 사람'이라는 뜻의 선비는 독특한 문화와 활동 영역이 있었다. 재야에서는 지역사회의 여론을 주도했고, 다양한 지역의 분쟁을 조정하는 해결사 역할도 했다. 때로는 왕권의 가장 강력한 견제자로서 정책의 부당함을 목숨 걸고 저지했으며, 나라가 위급할 때는 붓을 꺾고 칼을 든 구국의 의사義士였다. 하지만 때로는 부정적 인물로 묘사되기도 한다. 허위의 양반으로 표현되기도 하고, 세상의 변화를 깨닫지 못하므로 오로지 자신의 지식 속에 안주하는 고집 센 사람의 표본으로 여겨지기도 한다.

조선왕조 500년을 이끌어왔다고 해도 과언이 아닌 선비 계층의 가장 긍정적 특징을 하나 들면 바로 '몰입'이다. 선비들은 우선 독서에 몰입하는 훈련을 어려서부터 받았다. 어떤 책이든 잡으면 완전히 독파할 때까지 끝없이 반복해서 그 뜻을 추적해나가는 몰입의 방법을 익혔다. 이런 몰입은 다양한 방면에서 발휘되었다. 대표적 예로, 정약전丁若銓은 흑산도 유배지에서 해양 생물에 몰입해 바다 생물에 관한 백과전서 《자산어보玆山魚譜》를 남겼다. 그는 생물학자가 아니었지만, 몰입의 실력이 결국 바닷속 백과전서를 탄생시킨 것이다.

어떤 것이든 자신의 관심 영역에 들어오면 무서울 정도의 열정으로 몰입해 그 이치를 깨달았던 사람들이 바로 선비다. '선비의 몰입'은 오늘날 우리가 계승해야 할 정신 중 하나다. 《중용中庸》에는 선비들의 다섯 가지 몰입 원칙이 있다. 박학博學(널리 배워라), 심문審問(깊이 파고들며 물어라), 신사愼思(신중하게 생각하라), 명변明辯(명확하게 판단하라), 독행篤行(독실하게 실천하라)이 그것인데, 《중용》에서는 이 다섯 가지 항목을 이렇게 설명한다.

선비들은 이 다섯 가지 몰입 이론에 근거해 어떤 분야든

《중용》의 몰입 5단계

단계	항목	내용
1	**박학** 博學	**널리 배워라** | 군자는 배우지 않을지언정 배운다고 마음 먹었으면 완전히 통달하지 않고서는 그만두지 않는다.
2	**심문** 審問	**깊이 파고들며 물어라** | 군자는 묻지 않을지언정 한번 물으면 정확히 알지 않고서는 그만두지 않는다.
3	**신사** 愼思	**신중하게 생각하라** | 군자는 생각하지 않을지언정 한번 생각하면 명확한 해답을 얻지 않고서는 그만두지 않는다.
4	**명변** 明辯	**명확하게 판단하라** | 군자는 판단하지 않을지언정 한번 판단하면 제대로 밝히지 않고서는 그만두지 않는다.
5	**독행** 篤行	**독실하게 실천하라** | 군자는 행동하지 않을지언정 한번 행동하면 확실히 실천하지 않고서는 그만두지 않는다.

끝까지 파고들어 그 원리를 깨치고 바닥을 보는 걸 선비의 자세라고 여겼다. 한 분야에 대한 노력과 열정을《중용》에서는 이렇게 말한다. "다른 사람이 한 번에 그 일을 해내면 나는 백 번에 해낼 것이며人一能之 己百之(인일능지 기백지), 다른 사람이 열 번 만에 그 일을 해내면 나는 천 번에 해낼 것이다人十能之 己千之(인십능지 기천지). 군자의 학문은 안 하면 안 했지君子之學 不爲則已(군자지학 불위즉이) 한번 하면 반드시 끝장을 본다爲則必 要其成(위즉필 요기성)."

이 구절을 읽을 때마다 어떤 전율 같은 것이 느껴진다.

실력은 자기가 알고자 하는 일에 몰입해 그 끝을 찾아내는 것이다. 그것이 진정한 실력의 기초이며, 남들과의 차이점이다.

| 5 |

부단히 갈고닦아
고수가 되어라

'포정해우庖丁解牛'는 몰입을 통해 최고의 실력을 쌓은 춘추시대의 백정인 포정庖丁의 소 잡는 실력을 비유해 자주 사용하는 고사성어다.

어느 날, 궁정의 주방장인 포정이 소를 잡고 있었다. 그런데 얼마나 소를 잘 잡는지 포정의 칼 다루는 솜씨는 신기神技에 가까웠다. 그 모습을 지나가다 본 문혜왕文惠王(양나라 혜왕)이 너무 감탄해 포정에게 물었다.

"어떻게 하면 소 잡는 기술이 이와 같은 경지에 이를 수 있는가?"

포정은 칼을 놓고 대답했다.

"제가 처음 소를 잡을 때는 소의 겉모습만 보였습니다. 그 뒤로 3년 동안 저는 소 잡는 제 업에 몰입했습니다. 그랬더니 어느새 소의 겉모습은 눈에 띄지 않고 소가 부위별로 보이더군요. 그리고 또 19년이 지난 요즘, 저는 눈으로 소를 보지 않습니다. 마음의 눈을 뜨고 소의 살과 뼈, 근육 사이, 틈새를 봅니다. 그리고 그 사이로 칼을 지나가게 합니다. 이런 기술로 아직 한 번도 칼질을 실수해 살이나 뼈와 부딪친 적이 없습니다.

솜씨 좋은 백정이 1년 만에 칼을 바꾸는 것은 칼로 소의 살을 베기 때문입니다. 평범한 백정은 매달 칼을 바꾸는데, 이는 칼로 무리하게 뼈를 가르기 때문입니다. 그렇지만 제 칼은 19년이나 되었습니다. 수천 마리의 소를 잡았지만, 칼날은 방금 숫돌에 간 것과 같습니다. 소의 뼈와 살, 근육 사이에는 어쨌든 틈새가 있기 마련이고, 그 틈새로 칼날을 집어넣어 소를 잡기 때문에 칼날이 전혀 무뎌지지 않은 것입니다. 이것이 19년이 되었어도 칼날이 방금 숫돌에 간 것과 같은 이유이며, 저의 소 잡는 기술의 비밀입니다."

《장자莊子》의 〈양생주養生主〉에 나오는 이야기다. 포정은 소 잡는 기술로 최고 경지에 오른 고수로, 소 잡는 이치를 체득해 칼날이 지나가야 할 길道을 깨달은得 사람이었다. 《손자병법》은 경지에 오른 리더, 즉 고수高手는 다음 네 가지 독특한 모습을 보인다고 했다.

1 고수에게는 바람 같은 빠르기와 태산과 같은 무게가 있다

전쟁에 임해 병사들을 지휘하는 장군이 땀을 흘리며 쩔쩔맨다면 승리는커녕 병사들의 신뢰도 얻지 못할 것이다. 움직이지 않는 태산과 같은 무게로 자리를 지키는 리더의 모습은 언제 보아도 든든하다. 또한 절박한 상황에서 나오는 바람처럼 빠른 판단력과 추진력은 산전수전 모두 겪은 리더만이 지닐 수 있는 돌파력이다. 일본 구로사와 아키라黑澤明 감독의 영화 〈카게무샤影武者〉에는 병사들을 지휘하는 다케다 신겐이 앉은 자리 뒤로 《손자병법》의 명구가 적힌 깃발이 보이는 장면이 있다. 이 명구는 고수의 모습을 단적으로 말해준다. "빠르기는 바람과 같고其疾如風(기질여풍), 천천히 움직이는 것은 숲과 같구나其徐如林(기서여림)! 기습 공격은 불과 같고侵掠如火(침략여화), 움직이지 않는 것은 마치 산과 같구나不動如山(부동여산)!"

2 고수는 자신의 칼날을 남에게 보이지 않는다

낚시하는 사람으로 잘 알려진 강태공姜太公은 원래 장군이었다. 장군 강태공은 고수를 이렇게 표현했다. "남과 다툴 때 번쩍거리는 칼을 쓴다면爭勝于白刃之口(쟁승우백인지구),

진정한 고수가 아니다非良將也(비양장야)." 하수下手들이나 싸울 때 번쩍거리는 칼을 들이대며 온 세상 사람들 모두 보란 듯 싸운다. 그러니 아무리 승리를 거두어도 결국 갈등과 원망이 남을 수밖에 없다. 고수는 조용히 싸운다. 그리고 승리를 자랑하지 않는다. 패자가 자신의 패배를 인정하게 만드는 것, 이것이 진정한 고수의 모습이다.

③ 고수는 사람들의 환호와 갈채에 연연하지 않는다

고수는 자신의 길을 직접 선택한다. 손자는 이렇게 말했다. "내가 이룬 전쟁에서의 승리가 천하의 모든 사람이 칭찬하는 승리라면 최고 중 최고의 승리는 아니다戰勝而天下曰善 非善之善者也(전승이천하왈선 비선지선자야)." 고수는 다른 사람들의 환호를 받기 위해 승리하지 않는다. 오직 나를 따르는 부하들의 안위를 걱정하며 전쟁에 나선다. 그의 마음속에는 군주의 칭찬이 아니라, 병사들의 생사에 대한 염려로 가득 차 있기 때문이다.

④ 고수는 일반인의 상식을 뛰어넘는 비범함이 있다

고수의 식견과 예측은 일반인의 수준을 넘어선다. 《손자병법》에 "전쟁에서의 승리를 예측하는 수준이 일반인의 인식 수준을 넘어서지 못한다면見勝不過衆人之所知(견승불과중

인지소지), 최고 중 최고의 고수는 아니다非善之善者也(비선지선
자야)"라는 구절이 있다. 고수는 자신의 전술을 병사들에게
일일이 설명할 수 없다. 그래서 때로는 그의 안목과 식견을
이해 못 하는 사람들에게 비난받기도 한다. 그래서 리더는
언제나 고독하고 외롭다. 이 고독까지도 즐길 줄 알아야 진
정한 고수라 할 수 있다.

위에 나열한 고수의 조건 중 당신은 몇 가지나 가지고
있는가? 포정은 지식이 아닌 현장에서 기술을 끊임없이 연
마해 최고의 경지에 이르렀다. 이것이 진정한 실력이다.
즉, 실력은 한번 쌓은 것으로 멈춰서는 안 된다. 부단히 자
신을 발전시키고, 변화를 읽어내며, 시대가 요구하는 능력
을 끊임없이 계발해야 한다. 한번 쌓은 실력으로 평생을 가
려고 하는 것은 마치 천 리 길을 떠날 때 하루치 양식을 갖
고 가는 것과 같다.

| 6 |

격물치지로 몰입해
승부하라

'격물치지格物致知'는 무엇이든 한 가지에 깊이 몰두하고 연구하는 것이야말로 진정 실력을 쌓는 방법이라는 의미를 담고 있다. 실제로 만져보고, 느껴보고, 경험해보고, 토론해보고, 끊임없이 관심을 가져 비로소 어떤 것을 알게 되는 방법론이 바로 《대학》에서 말하는 격물치지다.

격물치지는 유교의 인식론적 도구다. 이 말을 이해하려면 격물과 치지를 나누어 살펴봐야 한다. 격물格物의 격은 '다가간다'라는 뜻이고, 물은 '내가 알고자 하는 대상'이다. 따라서 격물은 '내가 알고자 하는 대상物으로 다가가라格'라는 뜻이다. 치지致知의 치는 '극極'의 뜻이다. 극한 깊이로 파고들라는 것이다. 지는 '내가 가진 지식'이다. 즉 치지는 '내가 가지고 있는 모든 지식知을 동원해 극한 깊이로 파고들라致'라는 의미다. 이것은 나의 모든 지식을 총동원해 알고자 하는 대상물로 몰입하는 경지를 말한다. 결국 격물치지는 '어떤 사물의 원리를 알고 싶다면 그 사물에 다가가서 내가 가진 모든 지식과 지혜를 총동원해 몰입하라. 그러면 그 원리를 깨달을 수 있다'라는 뜻이다.

이 방법론의 전제는 세상의 모든 사물은 원리, 즉 이理가 있고, 인간에게는 그 이치理를 깨달을 수 있는 능력인 성性이 있다는 데서 출발한다. 일명 우리가 주자학을 성리학이라고 부르는 이유가 바로 여기에 있다. 인간이 가진 성性과 우주가 가진 이理는 본질에서 같고, 따라서 모든 인간이 원하는 우주의 사물에 다가가서 자신의 모든 능력을 발휘한다면 우리의 이치와 접속할 수 있다고 보는 것이다. 이것이 인간과 하늘의 접속, 일명 천인합일天人合一이다. 공자가 인간의 원리를 파악하는 것에 관심을 둔 유교가 1세대 유교라면, 주자가 완성한 성리학은 우주 원리를 파악하는 데 관심을 둔 2세대 유교라 할 수 있다. 그래서 우리는 주자학을 신유학新儒學이라 부르는 것이다.

주자학은 우리가 알고 있듯이 그렇게 보수적인 학문이 아니었다. 주자가 세상을 떠난 뒤 동아시아에서 800여 년 동안 주류로 대접받기 전만 해도 주자학은 이단이었다. 불교의 내세관에 대항해 인간의 이성을 강조했고, 인간은 지적 확장을 위해 부단히 노력해야 한다는 성리학의 핵심 수양 이론이 격물치지였다. 주자는 격물치지를 통해 최고가 되는 경지를 꿈꾸었다.

"우주의 이치를 깨달으면格物致知 당신의 의도가 성실해질 것이다誠意. 의도가 성실해지면 마음이 바르게 될 것이다正心. 마음이 바르게 되면 몸의 수양이 완성될 것이며修身, 그 후로 가정齊家과 사회治國 그리고 온 세상이 평정될 수 있을 것이다平天下."

이는 일명 격물格物, 치지致知, 성의誠意, 정심正心, 수신修身, 제가齊家, 치국治國, 평천하平天下의 8단계 '천하 평정' 이론이다. 사물의 작은 이치를 깨닫는 것이 천하를 평정하는 첫걸음이라는 평범한 진리를 설파한 논리가 격물치지의 핵심이다. 기업을 경영하고 기술을 개발하는 사람들이 자신의 열정과 지혜를 쏟아부어 사물의 이치를 알아내고, 그것이 세상을 바꿀 수 있다는 것은 오늘날 주자학에 대한 새로운 해석이자 의미라고 할 수 있다. 다가가라! 내 열정을 쏟아부어라! 세상에 없는 기술과 방법을 창조하라! 천하를 평정하리라!

실력은 만들어가는 것이다. 이전의 것을 버려야 새로운 것으로 채울 수 있다. 한 가지 능력으로 평생을 살려는 편

《대학》의 지도자를 위한 8단계론

단계	항목	내용
1	**격물**格物	현장으로 다가가라
2	**치지**致知	몰입해 원리를 깨우쳐라
3	**성의**誠意	뜻을 성실히 하라
4	**정심**正心	마음을 바르게 하라
5	**수신**修身	몸을 수양하라
6	**제가**齊家	집안을 경영하라
7	**치국**治國	사회를 다스려라
8	**평천하**平天下	천하를 평정하라

협함을 버리고, 다양한 능력과 실력을 끊임없이 개발하고 자신의 실력과 브랜드를 키워나가는 것이야말로 진정 새로운 나를 만드는 방법이다.

人 生 五 計
인생오계

인생을 위한 다섯 가지 준비

'인생오계人生五計'라는 말이 있다. 송나라 장군 악비岳飛와 동시대 인물인 주신중朱新仲이 한 말로, 인간이 세상에 나와 옳은 삶을 살려면 적어도 다음 다섯 가지는 준비해야 한다는 의미다.

- 생계生計: 어떻게 먹고살 것인가?
- 신계身計: 내 몸을 어떻게 건강하게 유지할 것인가?
- 가계家計: 가정과 자녀, 후손은 어떻게 다스리고 가르칠 것인가?
- 노계老計: 기력이 쇠진해지는 노년을 어떻게 보낼 것인가?
- 사계死計: 한 번 사는 인생, 어떤 죽음으로 마감할 것인가?

사람이 세상에 나와 한 번 사는데, 잘 사는 사람이 있는가 하면 못 사는 사람이 있고, 좋은 일에 큰일을 하는 사람이 있는 반면, 갖은 악행을 남기고 떠나는 사람도 허다하다. 따지고 보면 모두가 '인생오계'를 어떻게 설계하고 다져가는가에 달린 결과다. 입지立志와 입명立命으로 우리는 운명조차 바꿀 수 있다고 하지 않았는가. 그래서 자공子貢이 "어진 사람은 크게 될 것을 알고, 어질지 못한 사람은 작게 될 것을 안다"라고 한 것이다. 즉, 작은 것만 알고 이것을 키워나가면 작은 사람이 되고, 큰 것을 알고 이것을 키워나가면 큰사람이 된다.

破釜沈舟
파부침주

나를 변화시키는 힘

"이번 전쟁에서 지면 내일은 없다. 내가 지금 변하지 않으면 생존은 희박하다. 막다른 길목에 나를 세우고 철저히 미래를 준비하라!"

이는 일명 '파부침주破釜沈舟'라는 전술이다. 밥해 먹을 솥을 깨고, 타고 온 배를 침몰시키는 등 오로지 승리를 위해 목숨 걸고 싸울 수밖에 없는 상황을 만드는 것이다.

진나라 장군 장한章邯은 항량項梁을 죽이고 나서 조나라 왕을 격파하고 거록 지역을 포위했다. 항량은 초나라의 장군 집안 출신인 항우項羽의 삼촌이다. 다급해진 조나라 왕이 장군 진여陳餘를 초나라의 항우에게 보내 구원병을 요청하자, 항우가 직접 출병했다. 항우의 군대가 강을 건널 때 항우는 3일 치 식량만 나눠주게 하고, 모든 솥을 깨뜨려버리고 타고 온 배도 침몰시키는 파부침주의 전술을 사용했다. 병사들은 더는 밥해 먹을 솥도, 집으로 돌아갈 배도 없는 절박한 상황에서 꿈을 하나로 모으고 결사적으로 싸워 결국 승리했다.

기업에서 비전을 제시하는 자리에서 파부침주의 각오를 다지기도 한다. 다음 달 지급해야 할 월급도 부족하고, 이번 사업에서 실패하면 회사 문을 닫아야 한다는 절박감이 직원들에게 꿈과 비전을 공유하게 만들기도 할 것이다.

내 인생에서 나를 책임질 사람은 없다. 나를 변화시키지 않으면 밥해 먹을 솥도 없고 나를 받아줄 그 누구도 없다는 생각으로 임하면 나의 능력을 향상시킬 수 있다. 내 밥그릇을 내가 깨뜨려 나를 절박한 상황으로 몰아넣어야 한다. 그것이 나를 변화시키는 힘이다.

3장

미래를 대비하라

위기관리 경영

| 1 |

위기를 예측하는
능력을 갖춰라

요즘 기업들은 경영 실패에 의한 위기 외에도 일일이 예측하기 힘들 만큼 다양한 위기 상황에 직면해 있다. 빠르게 발전하는 기술이나 소비자의 트렌드를 따라가지 못해도 위기를 겪는다. 어느 누가 은행이 망하리라고 생각했겠는가? 기업이 쓰러지리라고는 아무도 예측하지 못했다. 그러나 위기는 업계나 조직의 몸집을 가리지 않는다. 자본이 많든, 역사가 오래되었든 그것이 위기에서 벗어날 수 있는 조건이 되지 못한다는 사실을 우리는 자주 본다. 도대체 언제 어디서 다가올지 모르는 불확실성의 미래 자체가 위기다.

위기 상황을 지혜롭게 극복하는 방법은 예방에서 해결,

그리고 사후 관리를 철저히 하는 것이다. 위기는 피하는 것이 최상이지만, 위기가 이미 왔다면 어떻게 빨리 극복하느냐가 더욱 중요하다. 《손자병법》은 전쟁 환경을 예측하고 준비하는 리더야말로 승리하는 리더라고 강조한다. 기상 조건을 예측하고 분석하는 사람, 적의 상황을 정확히 이해하고 대안을 준비해 현장에 나간 사람은 그러지 못한 사람을 만났을 때 반드시 승리한다고 말한다.

위기를 예측한 인물 가운데 이순신 장군을 빼놓을 수 없다. 1597년 9월 16일, 명량해전을 치르기 1년 전인 1596년 8월에 삼도 수군통제사로서 전라도 일대의 해안과 내륙 지방의 군사시설을 시찰하는 과정에서 당시 체찰사 이원익을 수행하게 되었다. 체찰사 일행은 해남에서 진도로 갔는데, 그는 체찰사를 수행하지 않고 전라 우수영으로 직행했다. 그곳에서 울둘목의 시간대별로 수로 조건과 인접 지형을 2박 3일 동안 상세하게 관찰해 기록해두었다. 그 후 그가 백의종군 중에 통제사로 임명되었을 때도 명량해협을 염두에 두고 있었다. 그가 남은 12척의 배를 재정비해 명량해전에서 압승한 것은 바로 이때의 기록을 보고 입안한 작전 계획이 주효했기 때문이었다.

이순신은 해상에서의 전투를 전체적으로 파악하고 있었다. 자연환경을 정확히 꿰뚫고 있었으며, 아군과 적군을 잘 알았고, 임진왜란 전반의 전쟁 흐름도 파악하고 있었다. 이러한 종합적 상황 판단을 통해 항상 최고의 전략을 구사했다. 그는 작은 승리에 연연하지 않았다. 필요한 전쟁은 꼭 했지만, 필요 없는 전쟁은 한 번도 하지 않았다. 23전 23승의 전과戰果는 단순히 승수에 의미가 있는 것이 아니다. 그의 해전에서의 전략은 해상에서의 전투를 정확히 간파한 통합적 사고가 있었기에 가능했음을 우리는 기억해야 한다. 화포의 개발, 거북선의 발명, 한산도대첩에서의 학익진 전개, 명량해전에서의 조수 간만 이용 등은 이러한 통합적 사고의 극치였다.

일어날 수 있는 위기 상황을 예측할 줄 아는 조직이라면 반드시 승리할 것이다. 사람이 큰 병이 나기 전에 조짐을 보이듯이 조직도 망하기 전에 조짐을 보인다. 그러한 조짐이 나타나는데도 사소한 문제라고 여기며 대비 없이 지나친다면 호미로 막을 수 있는 것을 가래로도 막지 못하는 상황이 될 수 있다. 유능한 리더는 조직에 어떤 문제가 있는지, 그 문제를 어떻게 해결할 것인지 판단하고 분석하는 능력이 있어야 한다.《손자병법》은 위기에 노출된 군대의 다섯 가지 유형을 논하고 있는데, 다음과 같다.

첫째, 주병走兵이다. 상대방과 나의 전력이 비슷한데, 나 하나로 열 명의 적을 상대하다가 패배해 도망갈 무모한 군대를 주병이라고 한다. 장군이 분노와 감정에 사로잡혀 상대방에 대한 정확한 분석도 없이 무리하게 싸운다면 결국 패배해 도망갈 것이다. 냉철한 판단과 이성적인 경영을 하는 조직은 승리할 수 있지만, 정확한 판단 없이 자존심과 감정에 치우쳐 무리하게 일을 진행하면 패배하는 조직이 될 것이라는 경고다. 주병 같은 조직은 조그만 위기 상황이 닥쳐도 해체된다.

둘째, 이병弛兵이다. 기강이 해이解弛해진 군대라는 뜻이다. 병사들은 강하지만 간부들이 나약한 군대를 이병이라고 한다. 이런 군대는 기강이 해이해져 병사들이 조직에서 이탈하기 쉽다. 신입 사원이나 평사원은 능력과 실력을 갖추고 있는데, 중간 관리자들의 능력이 그에 못 미치는 경우다. 즉 입사한 지 오래된 상층부의 간부들이 보수적이고, 새로 들어온 직원들에 비해 능력이 떨어지는 경우다. 이러한 조직에서는 하부 직원들이 관리자의 명령이나 지시를 받아들이지 않으려 하고, 무능한 상사에 대한 불만이 있어 여차하면 직장을 그만둘 생각을 할 수 있다. 관리자가 자기 계발과 혁신을 게을리하지 않는 모습과 위기를 극복할 수 있다는 믿음을 보여야만 부하 직원들의 마음을 얻을 수 있다. 부하 직원들이 마음속으로 인정하는 간부가 되지 않는 한 조직의 해이한 기강을 바로 세우기가 쉽지 않을 것이다.

셋째, 함병陷兵이다. 함정에 빠져 위기에 처한 군대라는 뜻이다. 이병과는 반대로, 간부들은 강하지만 병사들이 약한 군대를 함병이라고 한다. 관리자들은 능력이 있는데 부하 직원들이 능력이 없어 따라오지 못한다면 관리자의 리더십은 제대로 발휘될 수 없고, 결국 조직은 위기에 봉착하고 만다. 이럴 때 리더는 부하들의 무능력을 꾸짖기 전에 그들의 능력을 키워줘야 한다. 조직의 문제를 부하들의 무능함으로 돌린다면 그 또한 무능한 관리자다. 훌륭한 부모가 못난 자식을 욕할 것이 아니라, 그들이 부모의 명성에 맞는 아이로 성장하기 위한 조건을 만들어주어야 한다.

넷째, 붕병崩兵이다. 곧 무너질 군대라는 뜻이다. 상급 장군이 자신의 분노를 다스리지 못하고 대장군의 명령을 듣지 않은 채 적을 만나 싸우는 군대는 무너질 군대, 즉 붕병이다. 최고경영자와 상의 없이 중간 관리자가 자기 마음대로 일을 벌이는 조직, 주관적 판단과 오기 때문에 잘못 운영되는 조직 등은 최악의 위기 상황을 맞아 무너지고 만다는 경고다. 최고 결정권자와 조직이 제대로 접속되어 있지 않고 중간 관리자들이 전횡하는 조직이다.

다섯째, 난병亂兵이다. 혼란에 빠진 군대라는 뜻이다. 손

위기에 노출된 조직의 다섯 가지 유형

유형	해석	특징
주병走兵	**무모한 군대**	상대방과 전력이 비슷한데도 무모하게 싸우다가 도망가는 군대
이병弛兵	**해이한 군대**	병사들은 강하지만 간부들이 나약한 군대
함병陷兵	**몰락한 군대**	간부들은 강하지만 병사들이 약한 군대
붕병崩兵	**무너진 군대**	상급 장군이 자신의 분노를 다스리지 못하고, 대장군의 명령을 듣지 않은 채 적을 만나 싸우는 군대
난병亂兵	**혼란한 군대**	최고대장군이 나약하고 엄격하지 않은 군대 조직의 명령 체계가 명확하지 않은 군대 장교와 병사들의 기강이 잡히지 않은 군대 출병해 진을 칠 때 좌충우돌하는 군대

자는 난병의 특징을 몇 가지로 경우로 설명했다. 최고대장군이 나약하고 엄격하지 않은 경우, 조직의 명령 체계가 명확하지 않은 경우, 장교와 병사들이 해이해져 기강이 잡히지 않은 경우, 출병해 진을 칠 때 좌충우돌하는 경우다. 아무런 시스템도 갖추지 않고, 계층 간의 의사소통도 막혀 있으며, 명령이 원활하게 수행되지 못하는 조직이다.

손자는 이 다섯 가지 유형이 위기에 빠졌을 때 망하는

조직이라고 했다. 또 조직이 위기에 빠지는 것은 하늘의 재앙이 아니라, 전적으로 그 조직을 이끄는 리더의 문제라고 말했다. 리더의 능력은 모든 조직원의 생사와 직결된다. 그러므로 유능한 리더는 위기를 예측하고 대비하는 능력이 있어야 한다.

| 2 |

어떻게 위기를 기회로
바꿀 것인가

위기를 맞은 기업이 다 망하는 것은 아니다. 오히려 위기를 역전해 기회로 만든 조직도 있다. 바로 위기를 조금이라도 예측한 기업들이다.

리더가 갖춰야 하는 중요한 요건 중 하나가 다가올 위기를 예측하고 대비하는 위기관리 능력이다. 리더는 위기를 감지하고 대안을 내놓을 줄 알아야 한다. 《삼국지》에는 전력이 열세임에도 불구하고 기상 조건을 이용해 조조의 군대를 물리친 제갈공명의 적벽대전 이야기가 나온다. 조조의 83만 대군을 맞아 양쯔강을 사이에 두고 대치했던 제갈공명은 위기를 기회로 만들어낼 줄 알았던 리더였다. 적벽대전이 일어난 양쯔강 하류는 평소에는 편서풍이 불었으나 9월이 되면 동남풍으로 바뀌었다. 그 사실을 알고 있던 제갈공명은 전장에 나가기 전에 편서풍이 동남풍으로 바뀌는 현상을 정확히 분석했고, 수전에 약한 적의 전력을 분석해 화공火攻계와 반간反間계를 연결했다. 그 결과 83만 명이라는 어마어마한 조조의 대군을 상대로 대승을 거두었다. 미리 분석하고 안 하고의 차이는 작지만, 그 결과는 엄청남을 확실히 보여준 예라 할 수 있다.

《손자병법》을 비롯한 여러 병법에서는 기상 조건과 지형 조건을 철저히 분석한다. 요즘 기업으로 말하면 기상 조건은 조직의 외부 환경이고, 지형 조건은 조직의 내부 환경이다. 내부 환경과 외부 환경을 철저히 분석하면서 위기의 전조가 있을 때 이를 감지할 수 있는 능력을 갖춘다면 남들이 다 쓰러지더라도 위기를 오히려 성장의 계기로 만들 수 있을 것이다.

《손자병법》의 〈군쟁軍爭〉 편에 '이일대로以逸待勞' 전략이 나온다. 일逸은 편안하다, 로勞는 고생한다는 뜻이다. 즉 이일대로는 '내 병력을 충분히 쉬게 하여 적이 지쳤을 때 맞이해 싸우는 전략'이다. 아무리 힘센 상대라도 지치고 힘들어할 때 나의 전력을 집중해 공격하면 열세를 극복하고 승리할 수 있다. 위기는 두 집단에 똑같이 다가오지만, 준비한 조직에 오히려 기회가 되기도 한다. 미리 준비하고 충분히 전력을 구축해놓는다면 결정적인 위기에서 쉽게 승리할 수 있는 것이다. 〈허실虛實〉 편에도 비슷한 내용이 있다.

"무릇 전쟁터에 먼저 가서 적을 기다리는 군대는 편안하고, 뒤늦게 전쟁터에 가서 전쟁하는 군대는 고생한다. 그러므로 전쟁을 잘하는 장군은 내 의도대로 끌고 다니지 적의 의도에 끌려다니지 않는다."

리더가 현장을 충분히 이해하고 있어야 어떤 일이 닥쳐도 자신감 있게 자기 의도대로 조직을 끌고 나갈 수 있다. 다양한 변수나 위기가 생겨도 마찬가지다. 똑같은 상황이라도 누가 어떻게 그 상황을 맞이하느냐에 따라 결과는 달라진다.《장자》에는 손 트지 않는 약을 서로 다르게 사용해 운명이 갈린 이야기가 나온다.

송나라에 대대로 빨래로 생계를 연명하던 집안이 있었다. 겨울에 빨래하면 손이 트는데, 그 집안은 손을 찬물에 넣어도 트지 않는 약을 개발해 대대로 전해왔다. 어느 날, 마을을 지나던 과객이 그 신기한 약을 보고는 백금百金을 줄 테니 비법을 가르쳐달라고 제안했다. 빨래하는 집안사람이 모두 모여 의논했다. 그중 한 사람이 "대대로 힘들게 빨래하며 살아왔는데 큰 돈을 준다고 하니, 그것으로 농토를 사서 농사지으며 살자"라고 제안했고 모두 동의했다. 과객은 백금을 주고 비법을 사서 오나라 왕에게 갔다. 그러고는 손 안 트는 약이 있는데, 겨울철 수전水戰을 할 때 유리할 것이라고 말했다. 그러면서 손 안 트는 약을 가지고 있는 자신을 장군으로 기용해달라고 간청했다.

때마침 전쟁이 터지고 차가운 양쯔강 하류에서 전투를 치르게 되었다. 장군이 된 과객은 그 약을 대량으로 만들어 병사들에게 바르게 했고, 차가운 물에서도 병사들의 손이 트지 않아 전력을 유지하는 데 큰 도움이 되었다. 그로 인해 오나라 군대는 대승할 수 있었다. 손 안 트는 약 때문에 과객은 전쟁에서 승리했고, 오나라 왕은 그에게 땅을 하사하고 영토를 맡겼다.

《장자》에 나오는 이 이야기는 똑같은 사물을 어떻게 바라보느냐에 따라 결과가 크게 달라질 수 있음을 말하고 있다. 똑같은 손 안 트는 약인데 한쪽은 빨래하면서 먹고살았고, 또 다른 쪽은 제후가 되고 땅을 하사받았으며 그 시대의 지도자가 되었다.

대상이든 상황이든 누구에게 절대적으로 유리한 것은 없다. 그 상황을 어떤 눈으로 바라보고 어떻게 내 것으로 만드느냐가 관건이다. 위기를 바라보는 눈도 중요하다. 위기를 어떻게 바라보고 분석하느냐, 그리고 그 상황을 어떻게 유리하게 만들 것인가를 고민하는 조직이라면 위기관리에 소홀하지 않을 것이며, 위기가 닥치더라도 충분히 극복해나갈 것이다.

　이렇듯 경쟁에서 살아남으려면 상황에 맞추어 변화하는 시각을 갖고 발전 방향을 마련하는 것이 기본이다. 그러기 위해 경영자는 항상 다가올 미래를 예측할 수 있도록 촉각을 세우고 있어야 한다. 다가올 위기를 예상하고 대비하면 그것은 더는 위기가 아니다. 그러나 아무리 대기업이라도 시대의 변화를 예측하지 못하고 위기를 대비하지 않으면 위기의 희생양이 될 수 있다.

조직을 둘러싼
상황을 정확히 분석하라

우리는 "지피지기知彼知己면 백전백승百戰百勝"이라는 말을 흔히 사용한다. 하지만 《손자병법》에는 '백전백승'이라는 말이 나오지 않는다. 백 번 싸워서 백 번 다 이기더라도 조직원이 모두 죽고 나 혼자만 승리한다면 진정한 승리가 아니다. 적어도 백 번 싸워 백 번 모두 다 함께 살아남을 수만 있다면, 아니면 싸우지 않고 승리할 수만 있다면 그것이야말로 진정한 승리라고 손자는 생각했다. 손자가 말하는 지피지기는 상황에 대한 정확한 분석이다. 다가오는 상황은 마치 안갯속과 같아서 어떤 변수에 의해 어떤 위기가 닥칠지 모르므로 충분히 분석하고 대비해야만 위기를 극복할 수 있다는 의미다. 원문은 다음과 같다.

손자의 지피지기 전술

원인	해석	결과	해석
지피지기 知彼知己	적을 알고 나도 안다	백전불태 百戰不殆	백 번 싸워도 위태롭지 않다
부지피지기 不知彼知己	적은 모르고 나는 안다	일승일부 一勝一負	한 번 이기고 한 번 진다
부지피부지기 不知彼不知己	적도 모르고 나도 모른다	매전필태 每戰必殆	매번 위태롭다

적을 알고 나를 알면知彼知己, 백 번 싸워도 모두 위태롭지 않다百戰不殆.

상대방에 대해 전혀 알지 못하고 나에 대해서만 분석했다면不知彼知己, 한 번 이기고 한 번 패할 것이다一勝一負.

상대방에 대해 전혀 알지 못하고 나에 대해서도 전혀 분석하지 않고不知彼不知己 현장에 나간다면, 싸울 때마다 위태로워질 것이다每戰必殆.

《손자병법》에서는 핵심 화두 중 하나인 리더의 지피지기 계산법을 일곱 가지 항목으로 나누어 설명한다.

■ 주숙유도主孰有道: 어떤 군주의 리더십이 더 뛰어난가?

주主는 군주이고, 도道는 리더십이다. 상대방과 아군의 리더 중 누가 더 리더십을 갖춘 사람인지 비교하라는 것이다. 여기서 도는 비전을 공유하게 만드는 리더십을 가리킨다. 리더십이 있는 군주 곁에는 반드시 지혜와 재능을 겸비한 인재들이 모인다. 죽어도 같이 죽고, 살아도 같이 산다는 비전을 공유하게 만드는 리더는 절대 조직을 위태롭게 하지 않는다. 장군의 목표를 부하들이 공유하고 있다면 그 조직은 이미 승리한 것이다. 꿈을 함께하는 조직을 당할 수 없기 때문이다.

■ 장숙유능將孰有能: 어떤 장군이 더 능력 있는가?

장군들을 여러 면에서 살펴 누가 더 능력能이 있는지 비교하라는 것이다. 손자는 장군이 갖춰야 할 능력을 다섯 가지로 요약했다. 머리가 아닌 현장에서 직접 발로 뛰며 터득하고 쌓아온 실력智, 현장에서 부하들과 끝까지 함께한다는 소신信, 부하들을 배려할 줄 아는 따뜻한 사랑仁, 병사들보다 먼저 책임지는 용기勇, 공과 사를 구별할 줄 아는 엄격함嚴이 그것이다.

❸ 천지숙득天地孰得**: 상황이 어느 조직에 더 유리한가?**

천天은 외부 상황이고, 지地는 내부 역량을 가리킨다. 하늘의 기상 조건(외부 상황)과 땅의 지형 조건(내부 역량)을 어느 조직이 더 정확하게 분석해 장악하고 있느냐를 비교하라는 것이다. 중요한 것은 기상 조건이나 지형 조건이 절대적이지 않다는 것이다. 즉, 어느 편에도 절대적으로 유리하지 않다는 뜻이다. 똑같은 상황이라도 누가 그 본질을 꿰뚫고 준비하는가가 관건이다. 이는 경영학에 나오는 스와트 SWOT(Strength, Weakness, Opportunities, Threats), 즉 외부적으로 강점과 약점, 내부적으로 기회와 위기 상황을 분석하는 이론과 유사하다.

❹ 법령숙행法令孰行**: 어느 조직이 법과 시스템을 더 엄격하게 운영하는가?**

어느 조직이 법과 명령 체계를 엄격히 갖추고 실행하는지 비교해보라는 것이다. 요즘 기업의 경쟁력은 시스템을 얼마나 잘 갖추고 있느냐에 달려 있다고 해도 과언이 아니다. 인정人情에 따라 운영하지 않고 시스템에 의해 운영하는 조직은 막강한 힘을 만들어낸다. 군수와 인사, 작전 등이 각각의 시스템에 따라 움직일 때 그 군대는 법法과 영令이 제대로 운영되고 있다고 할 것이다.

5 병중숙강兵衆孰强: 어느 조직이 무기의 위력과 병력이 더 강한가?

병兵은 무기, 중衆은 병력의 수이다. 무기의 위력과 병력의 수에서 어느 조직이 더 강한지 비교해보라는 것이다. 요즘으로 보면 기업의 기술력과 인력에 해당한다. 누가 더 강한 무기를 가지고 싸우는가, 병력의 규모는 어느 정도인가를 분석하는 틀이다.

6 사졸숙련士卒孰鍊: 어느 조직의 병사들이 더 잘 훈련되어 있는가?

병사들의 훈련 정도를 분석하라는 것이다. 평상시에 철저한 교육과 훈련을 통해 현장에서 기량을 효과적으로 발휘할 수 있는지 비교한다. 요즘으로 보면 직원 교육에 해당한다. 조직 차원에서 직원의 능력을 키워주면 결국 그 결과가 조직의 생존에 유리한 영향을 미친다. 직원이 제대로 훈련받지 않는다면 결정적인 순간에 후회한다. 직원 교육에 시간과 자원을 투입하라!

7 상벌숙명賞罰孰明: 어느 조직이 상과 벌을 더 공정하게 내리는가?

어느 조직이 상과 벌을 명확히 따져서 내리는지, 인사 시스템이 적절히 가동되고 있는지를 비교해보는 것이다. 상벌이 제대로 시행되고 있는 군대는 병사들이 목표를 향해 돌격하는 강한 열정을 발휘한다. 상벌을 명확히 구분해 평가하는 일은 쉽지 않다. 성과급이나 승진 같은 상벌 체계는 개인의 능력을 극대화하는 데 매우 효과적이다. 열심히 일했는데 그 공이 다른 사람에게 가거나, 조직의 규칙을 어겼는데 인정으로 예외를 둔다면 상벌 시스템이 제대로 가동되고 있지 않은 것이다.

지피지기의 7계를 회사 경영에 대입해보면 1. 최고경영자의 비전과 리더십, 2. 임원의 능력, 3. 외부와 내부의 상황 장악력, 4. 조직 운영 시스템, 5. 자산 경쟁력, 6. 직원 교육의 질, 7. 명확한 상벌 체계 운영 등으로 요약할 수 있다.

《손자병법》에서 말하는 지피지기는 비교와 분석이다. 분석의 궁극적 목표는 분석된 데이터를 통해 나의 단점을 보완하고, 강점을 확대하는 것이다. 객관적이고 철저한 분석은 결코 쉬운 일이 아니다. 대부분 사람은 상황을 자신에게 유리하게 해석하는 경향이 있다. 안일함과 타성에 젖어 다가오는 위기 상황을 전혀 감지하지 못하고 대책도 세우지 못한다면 그 조직은 낙오되고 말 것이다.

백 번 중 아흔아홉 번의 승리가 중요한 것이 아니라, 한

지피지기의 7계

단계	항목	현대적 해석
1	**주숙유도**	리더십, 비전의 공유
2	**장숙유능**	관리자의 능력, 열정과 인격
3	**천지숙득**	환경과 내부적 역량, 자본, 공장 규모, 매출 구조, 영업 능력
4	**법령숙행**	법, 시스템, 물류 체계
5	**병중숙강**	기술력, 직원의 능력, 직원의 수
6	**사졸숙련**	교육, 직원의 숙련도
7	**상벌숙명**	상벌 체계, 공평한 인사

번의 실수가 그 모든 승리를 뒤엎을 수 있다는 사실을 명심
해야 한다.

| 4 |

큰일에는 반드시
전조가 있다

어떤 일이 크게 벌어질 때는 반드시 전조前兆가 있다. 큰
병이 나기 전에 반드시 잔병을 통해 예고하듯이, 세상의 모
든 일은 갑자기 터지지 않는다는 것이 옛사람들의 지혜다.
결국 조그만 조짐을 분석해 다가올 위기에 대한 대비책을
세우면 그만큼 위험이 줄어든다. 이를 가장 잘 표현한 고사
성어가 바로 초윤장산礎潤張傘이다. '주춧돌礎이 젖어潤 있
으면 우산傘을 펼쳐라張'로 풀이되는데, 일반적으로 비가
오기 전에는 주춧돌부터 젖으니 방에서 밖으로 나갈 때 주
춧돌에 습기가 촉촉이 배어 있으면 우산을 준비해야 비를
피할 수 있다는 뜻이다.

중요한 것은 주춧돌이 젖었는가에 대한 정확한 판단이

다. 이 판단이 정확해야 다가오는 위기에 확실한 대비책을 세울 수 있다. 그러나 먼지가 날리면 방향감각을 잃고, 모기에 물리면 밤새 피부를 긁어 잠을 못 이루듯이 방향감각을 잃고 정확한 상황 판단을 못 하는 경우가 종종 있다. 이는 내가 처한 상황에 마음이 얽매여 문제를 정확히 판단할 눈을 가리고 있는 경우다. 이럴 때는 상황을 좀 더 객관적으로 보려고 노력해야 한다. 다양한 정보를 자신만의 안목으로 철저히 분석하고 종합해 생존을 위한 대안을 찾아야 한다. 문제를 한 발짝 물러서서 보는 여유가 필요하다는 것이다. 주춧돌이 젖어 있어서 앞으로 비가 오리라 예상이 되는데도 여전히 하늘이 맑을 줄 알고 우산을 준비하지 않는다면 결국 비에 젖어 초라하게 되고 스타일을 구길 것이다.

때가 아니라고 생각하면 물러날 줄 알고, 앞으로의 상황이 자신에게 불리할 것 같다면 대비책을 세우는 것이 경쟁력 있는 사람의 모습이다. 하늘이 항상 맑은 것만은 아니다. 상대방의 조그만 언행 속에서 그 의도를 정확히 파악하고 대안을 마련한다면 현명한 사람이라고 할 수 있다. 그저 다가오는 상황을 아무런 대책 없이 맞이하며 산다면 자신뿐만 아니라 주변 사람들까지 곤경에 빠뜨리는 우를 범할 것이다. 중요한 것은 작은 조짐 하나에도 결과를 예측해보려는 과학적 추리와 예리한 분석의 정신이다. 특히 전쟁터에서 장군만을 의지해 하나뿐인 자신의 목숨을 오직 장군의 판단에 맡기고 싸우는 병사들을 상상해보라. 장군이 사소하다는 이유로 위기의 조짐을 그냥 지나치면 군대는 패배하고, 수많은 병사는 목숨을 잃을 것이다.

주변을 돌아보라! 어떤 조짐이 일어나고 있는데 그냥 지나치고 있지는 않은가? 작게 시작된 누수가 결국 나를 망하게 하고 주변 사람들을 거리로 내몬다는 사실을 잊어서는 안 된다.

狡兔三窟
교토삼굴

세 개의 굴을 파놓는 지혜

인생을 살다 보면 누구나 위기를 겪게 된다. 현명한 사람이든 어리석은 사람이든 그 어떤 사람도 위기에서 비껴가기란 쉽지 않다. 문제는 위기를 어떻게 슬기롭게 벗어나는가이다.

준비된 사람은 언제든지 위기에서 벗어날 수 있는 대안을 가지고 산다. 다가올 위기를 예측하고 철저히 준비하는 사람은 어떤 위기에서도 무너지지 않는다. 똑똑한 토끼는 위기에 대비한 세 개의 굴을 갖고 있다고 한다. 일명 '교토삼굴狡兔三窟'이다. 교狡는 날래고 똑똑하다는 뜻이고, 굴窟은 은신처인 동굴을 의미한다. 즉 날래고 똑똑한 토끼狡兔는 세 개의 은신처三窟를 가지고 산다는 의미다. 이 전술은 중국 전국시대 제나라의 유명한 정치가 맹상군孟嘗君과 관련되어 나온 이야기다.

맹상군은 인재를 널리 구했다. 그의 밑에는 수천 명의 지식인이 모여들었다. 그중에 풍환馮驩이라는 사람도 있었는데, 별 재주도 없이 밥만 축내며 자신을 대접해주지 않는다고 불평만 했다. 처음에는 낮은 등급으로 대우했는데 고기반찬이 없다고 불평했다. 그래서 중객中客으로 대우했더니 타고 다닐 수레가 없다고 불평했고, 끝내는 상객上客으로 대우해 집을 주고 가정을 이루게 해주었다.

하루는 그에게 설薛이라는 지역에 가서 백성들에게 꾸어준 돈의 이자를 받아 오라는 일을 맡겼다. 풍환이 그곳에 가보니 그곳 사람들은 기근이 들어 모두 어려움을 겪고 있었다. 풍환은 자신이 모시는 맹상군의 허락도 없이 임의로 그곳 사람들의 차용증서를 모두 태워버리고 "맹상군 어른이 그대들의 빚을 모두 탕감해준다"라고 말했다. 설 지역의 사람들은 모두 맹상군의 은혜에 감격했다. 이자도 못 받고, 더구나 차용증서까지 태우고 돌아온 풍환에게 맹상군은 격노했다.

얼마 후 맹상군은 정치적으로 실각해 갈 곳이 없었고, 그를 따르던 주변의 식객들도 하나둘씩 곁을 떠났다. 이때 풍환은 맹상군을 설로 인도했고, 옛날 자신들이 어려울 때 은혜를 베풀어준 맹상군을 설 사람들은 환영하며 정성을 다해 모셨다. 맹상군이 풍환에게 어떻게 이런 위기가 올 것을 알았냐고 묻자 풍환은 "똑똑한 토끼는 위기에 숨을 수 있는 세 개의 굴을 파놓고 산다"라고 대답했다.

위기가 닥치면 언제든지 숨을 수 있는 세 개의 굴을 가지고 살기란 쉬운 일이 아니다. 어떤 사람은 인생의 세 개 굴을 부동산, 주식, 현금이라고 말하기도 한다. 그러나 그것도 언젠가 모두 잃을 수 있는 것이다. 과연 어떤 굴이 가장 안전하고 튼튼할까? 가족, 실력, 정신력의 굴이라 말하고 싶다. 언제든지 돌아갈 수 있는 가족, 그리고 어떤 상황에서도 나의 전문성을 발휘할 수 있고, 흔들리지 않는 정신력만 있다면 어려울 때 피할 수 있는 세 개의 굴을 가진 것이다.

無 中 生 有
무중생유

무에서 유를 창조하라

무無에서 유有를 창조하라生! 원래부터 존재하는 것은 없다. 불가능할 것 같은 상황에도 반드시 길은 있다. 없다고 주저앉지 말고 신념을 가지고 방법을 찾으면 길이 보일 것이라는 전술이다. 경기도 안 좋고 자본도 부족하다며 한탄한다고 해결 방법이 나오는 것은 아니다. 도저히 방법이 없을 것 같은 상황에서 답을 찾아내는 것이 '무중생유無中生有'의 전술을 이해하는 유능한 리더의 행동 방식이다.

이 전술의 철학적 토대는 노자의 《도덕경》이다. "천하의 모든 존재는天下萬物(천하만물) 유有에서 나오지만生於有(생어유), 그 유는 결국 무無에서 나오는 것이다有生於無(유생어무)." 세상에 존재하는 모든 사물은 결국 '없음'에서 시작되었다는 것이다. 무중생유의 계책은 '세상의 사물은 모두 변화하고 발전한다'라는 전제에서 시작된다. 밤이 지나면 아침이 오고, 겨울이 가면 반드시 따뜻한 봄이 온다는 자연의 변화 속에서 유와 무의 상생을 본 것이다. 내가 처한 환경과 조건이 아무리 혹독하고 어렵더라도 반드시 그 속에서 새로운 성공의 싹을 찾을 수 있다는 것이 무중생유의 전술이다.

무중생유에서 무가 가리키는 것은 거짓僞이나 허위虛를 의미한다. 유는 진짜眞와 진실實을 뜻한다. 진위眞僞와 허실虛實은 상황이 변화하는 것이며, 상대방을 혼란스럽게 만들고, 적의 판단과 행동에 착오를 일으킨다. 이 전술은 3단계로 나눌 수 있다.

- 1단계: 상대방에게 거짓을 보여라. 그래서 적이 진짜로 오해하게 만들어라.
- 2단계: 상대방에게 우리의 거짓을 알아차리게 해서 그들이 마음을 놓게 만들어라.
- 3단계: 우리 쪽에서 가짜를 진짜로 변화시켜 적이 여전히 가짜라고 생각하게 하라. 그러면 상대방의 생각은 혼란에 빠지고 주도권을 장악하게 된다.

이 전술을 유용하게 사용한 역사적 예가 있다. 당나라 안녹산安祿山은 반란을 일으켜 많은 지방 관리를 투항시켰다. 그런데 장순張巡 장군만은 당나라에 충성을 다하여 투항하지 않고 3,000명의 병력으로 성을 굳게 지키고 있었다. 이때 안녹산은 4만 명의 군대를 보내 성을 포위했고, 성안의 군대는 화살이 떨어져 더는 싸울 수 없게 되었다. 그야말로 무無의 상황이 된 것이다. 여기서 장순은 무중생유의 전술을 사용했다. 《삼국지》에서 제갈량이 풀로 만든 배를 보내 적의 화살을 얻었듯이, 풀로 엮어 만든 허수아비에 검은색 옷을 입혀 야간에 성벽을 타고 내려가는 것처럼 꾸몄다. 적군은 성안의 군사들이 야간 공격을 해온다고 생각해 화살을 소나기처럼 퍼부었고, 장순은 적의 화살 수십만 개를 손쉽게 얻을 수 있었다. 1단계 작전의 성공이었다.
다음 날 적은 자신들이 속았다고 분노했고, 그날 밤 장순은 허

함께 읽으면 좋은 성어

수아비를 다시 내려보냈다. 이것을 본 적은 다시는 속지 않겠다며 바라만 보고 있었다. 2단계 작전이었다. 적의 사고가 마비된 것을 확인한 장순은 100명의 용사를 선발해 신속하게 성 아래로 내려보내 안심하고 있는 적의 진영을 습격했다. 3단계 작전이었다. 그리고 적의 혼란한 틈을 타 성안의 병사들을 이끌고 총공격해 승리했다. 무에서 유를 창조한 무중생유의 전술이 통한 것이다.

이 전술을 사용할 때 두 가지 점에서 주의해야 한다. 첫째, 상대방 지휘관의 성격이 의심 많고 지나치게 신중하면 이 전술은 특히 효과가 좋다. 둘째, 상대방의 생각을 혼란에 빠뜨려 기회를 잡았다고 생각하면 신속하게 거짓을 진짜로 전환하고, 무를 유로 전환하여야 한다. 그리하여 상대방이 전혀 생각지도 못할 때 공격해 승리를 거둬라.

조직은 얼마든지 위기에 빠질 수 있다. 중요한 것은 어떻게 그 위기에서 탈출하느냐이다. 모든 것을 다 잃었다고 생각했을 때가 다시 얻을 수 있는 가장 좋은 기회다. 무에서 유를 만들어라!

4장

이성적으로 판단하라

전략 경영

| 1 |

승산을 철저히
분석하라

"승산勝算은 있는가?" 이는 《손자병법》에서 자주 이야기하는 말로, 선생을 결정하기 전에 현장 분석을 통해 반드시 따져봐야 하는 문제다. 즉, 싸워서 이길勝 계산算이 나오는지를 분석해야 한다. 이것 또한 리더의 몫이다. 단순히 이길 수 있다는 신념이나 주관적 판단으로 승산 없는 전쟁에 나갔다가는 병사들을 몰살시키고, 나라를 망하게 할 수 있다는 엄중한 경고다.

《손자병법》제13편 중 제1편이 〈시계始計〉다. 처음부터始 충분히 계산計해야 한다는 것이다. 리더는 사실을 정확히 볼 수 있는 객관적 눈을 지녀야 하고 숫자에 밝아야 한다.

《손자병법》에서 언급하는 전쟁은 오늘날로 말하면 일종

의 투자나 사업이다. 여러 귀족이 병력과 물자를 내고 유능한 장군이 전쟁에서 백성과 조국을 위해 전쟁을 지휘하는 것은, 오늘날 투자자가 자금을 대고 CEO가 투자자를 대신해 기업을 경영하는 일과 같다. 한번 투자를 잘못하면 직원들이 상처를 입고 회사가 흔들리는 최악의 상황을 맞을 수 있듯이 전쟁도 한번 잘못 결정하면 사람의 목숨과 국가의 존망이 흔들린다.

전쟁은 국가의 가장 큰일이다兵者國之大事(병자국지대사). 사람이 죽고 사는 땅이고死生之地(사생지지), 국가의 존망이 달린 길이다存亡之道(존망지도). 그러니 신중히 살피지 않을 수 없는 것이다不可不察也(불가불찰야).

《손자병법》을 펼치면 제일 먼저 나오는 문장이다. 전쟁에 앞서 승산을 분석하는 이유는 나의 문제가 아니라 국가와 백성의 문제이기 때문이다. 개인의 명예와 성공이 아닌 다수의 생명과 국가의 운명이 달려 있기에 더욱 철저히 분석하고 따져야 한다. '찰察'은《손자병법》에서 가장 중요한 글자다. 철저하게 승산을 따지고 분석해서 반드시 이겨야 한다.
　기업의 생존에 따라 직원들의 인생과 투자자의 운명이

좌우되는 오늘날, 우리는 매일 전쟁을 치르고 있다 해도 과언이 아니다. 주관적인 감과 이긴다는 신념으로 전쟁하던 과거와 비교해서 새로운 전쟁 경영 철학이 필요하다. 장군은 전쟁하기 전에 철저히 계산하고 시작하라! 승산이 없다면 승산을 만들어놓고 현장에 나가라! 장군은 숫자에 밝아야 한다. 승산을 따져보는 전략적 분석이 이른바 장군의 다섯 가지 현장 분석 이론이다. 도道 · 천天 · 지地 · 장將 · 법法! 일명 승산을 분석하는 오사五事의 계산법이다.

■ 도道: 병사들과 목표를 함께하라

《손자병법》은 이렇게 말한다. "도라는 것은道者(도자) 백성과 윗사람의 생각이 같게 만드는 것이다令民與上同意也(영민여상동의야)." 요즘으로 말하면 비전과 목표의 공유다. 우리 조직은 같은 길로 갈 준비가 되어 있는가를 따져보라. 죽어도 같이 죽고 살아도 같이 사는 분위기가 조성된 곳을 '도道가 있는 조직'이라고 한다. 도가 있는 조직은 승산이 있다. 직원들의 마음을 얻지 못하면 비록 전력이 우세하더라도 승산은 떨어진다. 세 명의 직원을 데리고 작은 음식점을 운영하더라도 그 성패는 구성원 모두 같은 꿈을 꾸느냐에 달려 있다. 주방과 서빙, 배달 모두 주인의 마음과 함께하는 상황을 만드는 것이 리더가 승산을 분석하는 데 가장 우선으로 해야 할 일이다.

❷ 천天: 기상 조건을 분석하라

"천이라는 것은天者(천자) 낮과 밤, 추위와 더위, 계절의 변화에 대한 장악력이다陰陽寒暑時制也(음양한서시제야)!"기상 조건은 오늘날로 말하면 기업의 외부적 환경이다. 다가올 경제 환경이나 시장 상황을 예측해 그에 적합한 전략과 전술을 구사하는 리더라면 하늘을 읽을 수 있는 능력을 갖췄다 할 것이다. 고객이 무엇을 원하는지, 시장 상황이 어떻게 변하는지 정확히 읽어낸다면 5년 뒤 회사가 무엇을 준비해야 하는지를 찾아낼 수 있다.

❸ 지地: 지형 조건을 분석하라

지형 조건은 오늘날 조직의 내부적 역량이다. 시장은 선점하고 있는지, 들어가면 안 될 곳과 들어가야 하는 곳은 어디인지, 어떤 지형을 선택해야 경쟁력에서 우위를 점할 수 있는지 등의 요소를 정확히 판단해야 한다. '지금은 충분히 준비되었는가? 안 되었다면 어떻게 대처할 것인가? 능력 있는 직원들은 찾았는가? 교육을 통해 직원들의 능력을 어떻게 향상할 것인가?' 이런 것들이 승산의 세 번째 조건인 지형에 대한 장악력이다.

4 장將: 현장 책임자의 능력을 분석하라

어떤 사람을 책임자로 임명할 것인가에 대한 분석이다. 손자는 다음과 같은 다섯 가지 능력을 모두 갖춘 사람을 현장 책임자로 임명해야 한다고 한다. 첫째는 현장을 누구보다 잘 아는 실력智, 둘째는 병사들의 전폭적인 신뢰를 받는 사람信, 셋째는 조직의 분위기를 따뜻하게 만들 수 있는 인성仁, 넷째는 솔선수범의 열정과 책임감이 있는 용기勇, 다섯째는 조직의 시스템을 지킬 줄 아는 엄격함嚴이다.

5 법法: 조직 시스템을 정비하라

부대 조직과 편성, 임무의 명확한 배분, 군수의 공급과 관리, 인정에 휘날리지 않는 군법을 정확히 마련하라! 시스템에 의한 조직 운영을 강조하는 대목이다. 전쟁에서 조직의 운영은 일종의 오케스트라와 같다. 모든 분야에서 최상의 역할을 해낼 때 최상의 결과를 얻을 수 있다. '무기와 군수품은 적시에 조달되고 있는가? 병사들의 훈련 정도는 어떠한가? 상과 벌은 공평하게 시행되고 있는가?' 이것이 시스템이다.

승산을 분석하라는 화두는 손자 이전에도 있었다. 다만 손자 이전 시대 '계산'의 의미는 주관적인 것으로 단순히

승산 오사

단계	항목	내용
1	도道	비전의 공유, 리더십, 상생의 환경, 명분
2	천天	기상 조건, 외부적 환경, 경제 상황
3	지地	지형적 이점, 내부적 역량, 인원, 물자, 자본 등
4	장將	현장 관리자, 관리자의 능력 등
5	법法	시스템, 조직 운영, 상벌 체계 등

이긴다는 신념이나 하늘이 도울 것이라는 막연한 희망에 의한 계산이었다. 백성의 목숨과 국가의 존망이 달려 있는 전쟁을 지휘하는 장군은 철저하게 현실을 분석하고, 승산을 따져봐야 한다는 오사는 오늘날의 리더가 반드시 깊이 고민해야 할 항목이다.

시장의 판매 환경은 전체 사회의 축소판이기 때문에 여러 측면에서 연구 과제를 생각해볼 수 있다. 하나는 시장 환경이다. 여기에는 인구, 소비수준, 시장의 경쟁 상황 등이 포함된다. 다른 하나는 거시적 환경이다. 이것은 매우 복잡하고 넓은데 여기에는 사회생활의 여러 측면, 요컨대 정치·법률 환경, 경제 현황, 사회·문화·교육 환경, 과학기술 환경, 지리 환경 등이 포함된다. 기업가에게 전체 국면을 통찰해 이런 조건들을 얼마나 잘 이용하느냐는 승패를 결정할 만큼 중요하다. 전쟁에 임하는 장수가 전체 국면을 보면서 세부적인 전투 계획을 세우듯 기업가는 사회 전체, 나아가 세계경제의 흐름을 보고 사업 흐름을 조정해나갈 수 있어야 한다.

| 2 |

감성적 대응은
자멸을 불러온다

병법을 제대로 이해하고 있는 사람이라면 공격의 전술보다 후퇴의 전술을 더 많이 알고 있을 것이다. 전략적 사고를 할 줄 아는 리더는 후퇴할 때 더욱 진가를 발휘한다. 오로지 오기와 자존심만으로 돌격 명령만 내리는 리더는 전략적 사고를 할 줄 모르는 사람이다. 병법에 '36계 줄행랑'이란 말이 있다. 《36계》는 동양의 병법서 중 가장 이성적이고 전략적인 36가지 전술을 뽑아놓은 책이다. 그중 가장 마지막인 36번째 전술이 '주위상계走爲上計'다. 풀이하자면 '도망가는走 것이 최상上이다'라는 뜻이다. '주위상, 주위상' 하다 보니 '줄행랑'이라는 말로 변했다. 도저히 안 되면 도망가는 것도 전술이라는 발상이 뛰어나다.

이는 비록 패전 상황에서 가장 마지막 순간에 쓰는 전술이지만, 이를 사용하는 한 아직 패배한 것은 아니다. 36계의 분류를 보면 패배 상황에서 사용하는 전술은 여섯 개가 있다. 아름다운 여인을 통해 잠시 숨을 돌리는 31계 '미인계美人計'나 자기 몸 일부분을 자르고 살길을 찾는 34계 '고육계苦肉計'는 36계 주위상계와 더불어 시간을 벌거나 때를 기다리기 위한 전략적 판단이다. 도마뱀은 자기 몸통을 살리기 위해 꼬리를 자르는 고육계를 사용한다. 그래서 무정한 자연계에서 생존할 수 있는 것이다. 현대사회의 기업이 위기 상황에서 감원이나 정리 해고, 구조 조정 같은 조처를 하는 것도 결국 조직을 살리기 위한 고육계 전술이다.

《손자병법》역시 후퇴는 생존을 위한 전술이라고 강조한다. "내가 상대방보다 힘에 부치면 도주하라少則能逃之(소즉능도지)!" 이는 거리상 약간 도망逃가라는 전술이다. "도저히 상대할 수 없으면 피하라不若則能避之(불약즉능피지)." 이는 완전히 뒤로 물러나라는 뜻으로 피避 자를 쓴다. 이 전술은 내가 상대방과 도저히 상대가 안 되면不若 완전히 후퇴하여避 때를 기다리라는 전략이다. 결국 유능한 리더라면 약세의 상황을 정확히 판단하고 후퇴의 강도를 정하라는《손자병법》의 충고다. 상대방이 나보다 강할 때는 패배할 줄 알면서 무작정 싸우는 용기보다는 입술을 깨물고 훗날을 기약하며 치욕을 삼키는 리더의 용기가 더 아름답다. 자신의 한순간 명예와 자존심보다는 조직의 생존을 더욱 소중히 여기는 비장함이야말로 위대한 지도자에게 볼 수 있는 전략적 사유를 갖춘 아름다운 모습이다. "상대방이 강하면 피하라強而避之(강이피지)!"는 정말 의미심장한 구절이다.

등소평鄧小平을 빼놓고는 중국의 현대사를 설명할 수 없다. 등소평은 중국의 개혁 개방의 문을 활짝 열어 새로운 강대국 중국의 미래를 구상한 키 159센티미터의 지도자다. "검은 고양이든 흰 고양이든 쥐만 잘 잡으면 된다"라는 말을 남긴 그는 실용주의 노선을 통해 중국이라는 거함의 진로를 '세계'로 바꾸었지만, 한때는 울분을 참고 때를 기다리며 적이 강하면 피할 줄 아는 전략적 사고를 한 인물이기도 하다.

중국식 사회주의만으로는 안 되고 자본주의의 장점을 받아들여야 한다고 주장한 주자파走資派에 위기를 느낀 모택동毛澤東이 1966년 홍위병을 통해 문화대혁명을 일으킬 때 등소평은 세가 불리함을 깨닫고 모택동 앞에 무릎을 꿇었다. 그리고 장시성 난창南昌의 어느 트랙터 노동자로 하방下放되어 7년간 추방 생활을 했다. 명예를 생각하며 장렬하게 끝내는 것이 역사에 자랑스럽게 남는 길이라고 생각할 수도 있는 상황이었지만, 그에게는 중국 인민 전체의 생존과 미래가 무엇보다 중요했다. 그는 매일 1시간 이상 거리의 집과 공장을 걸어서 오가며 개혁 개방의 시나리오를 구상했다. 실제로 1976년에 모택동이 죽고 그의 네 번째 부인 강청을 포함한 4인방이 제거되자, 등소평은 중앙 정계에 복귀해 권력을 다시 잡고 트랙터 공장 시절 구상한 개혁 개방의 문을 활짝 열어젖혔다.

만약 그가 자신의 명예만 소중히 여기고 중국이라는 거대한 조직과 인민을 외면한 전략적 사유가 없는 리더였다면 중국의 현실은 어땠겠는가? 전쟁이란 공격할 때도 있고 피할 때도 있고 기다릴 때도 있는 아주 유기적인 일이다. 변하는 상황을 정확히 판단하고 조직을 유연하게 상황에 적응시키는 것은 유능한 리더의 전략적 판단이다. 상황이 불리하고 때가 아닌데 무작정 행동하는 것은 결국 조직의 생존을 위협하는 결과를 가져올 것이다. 손자는 "불리하면 피하라"는 전술을 몇 번이나 강조하면서 다음과 같이 결론을 내렸다.

"열세의 조직이 불리한 상황에서 고집을 피우면小敵之堅(소적지견) 우세한 적에게 사로잡히고 말 것이다大敵之擒也(대적지금야)!"

견堅은 고집이고 억지다. 힘도 없이 자신이 강하다고 생각하는, 객관적 판단의 실패다. 금擒은 사로잡히는 것이다.

힘도 없으면서 자신의 자존심 때문에 고집 피우다가는 큰 놈한테 잡아먹히고 말 것이라는 충고다. 현실을 무시한 오기와 감성적 대응은 결국 자멸을 초래할 것이라는 손자의 엄중한 경고다.

| 3 |

때로는 우회가
해법이다

'우직지계迂直之計'라는 전략이 있다. 우회迂하는 것이 곧장 가는 섯直보다 훨씬 빨리 가는 결과를 가져오기도 한다는 전략이다. 감정과 분노를 느끼는 즉시 표출하기보다는 하나의 전략적 사유를 가지고 우회하는 것이 더 큰 효과가 있을 것이란 말이다.

병법에서 우직지계는 전쟁에서 누가 먼저 현장에 도착해 유리한 고지를 차지하는가의 경쟁에서 나온 말이다. 전쟁을 하기에 앞서 적보다 유리한 조건을 차지하려면 전쟁터에 먼저 도착하는 것이 중요하다. 그래서 직선거리로 기동하지만 그만큼 위험 부담도 크다. 상대방도 아군이 빠른 노선을 택할 것을 짐작하고 매복하거나 장애물을 설치할 수도 있기 때문이다. 이런 이유로 직선보다는 우회가 안전하게 빨리 부대를 이동하는 방법이 될 수 있다는 것이 손자의 생각이다.

우직지계의 대표적 이야기로 《사기열전史記列傳》에 안영晏嬰이란 정치가의 일화가 나온다. 안영은 춘추전국시대 제나라의 정치가로, 조그만 키에 얼굴 생김새는 볼품없었지만 3대 왕에 걸쳐 재상을 지내면서 제나라를 강한 나라로 만든 유능한 정치가였다. 그가 제나라 왕 경공景公을 모실 때 일이다.

어느 날 왕이 사냥을 나갔는데, 사냥 지기가 부주의해 왕이 사냥한 사냥감을 잃어버리고 말았다. 왕은 화가 머리끝까지 치밀어 그 자리에서 사냥 지기의 목을 베라고 명령했다. 같이 사냥을 나갔던 신하들은 모두 어쩌지 못하고 바라보고만 있었다. 왕이 사냥 지기의 목을 베면 사냥감 때문에 사람의 목을 베었다는 소문이 퍼질 것이고, 그러면 세상 모든 제후가 경공을 비난할 것이 분명했다. 그러나 지금 나서서 말린다면 왕의 분노로 보아 자신들에게도 해가 미칠 것이 분명해 신하들 모두 머뭇거리고 있었다.

이때 한 신하가 안영에게 도움을 청하러 달려갔다. 상황 보고를 받은 안영은 사태의 심각성을 깨닫고 서둘러 경공에게 나아갔다. 그러나 상황은 좋지 않았다. 분노에 휩싸여 있는 상태에서 직설적으로 충고한다고 해도 왕의 무모한 지시가 철회될 리 없었다. 그때 안영은 경공에게 직접 충고하지 않고 우회하는 전술, 즉 우직지계를 폈다. 우선 왕에게 이렇게 말했다.

"사냥 지기가 자신의 임무를 망각하고 게을리했으니 죽어 마땅합니다. 다만 죽이더라도 저자가 왜 죽는지는 알아야 하지 않겠습니까? 그래야 세상 사람들은 물론 사냥 지기가 아무런 반발을 못 할 것입니다."

자기 뜻에 동조하는 안영에게 왕은 흐뭇한 웃음을 지으며 그렇게 하라고 명했다. 안영은 사냥 지기를 끌고 나오라고 해서 큰 소리로 그의 죄목을 추궁하기 시작했다.

"너는 세 가지 죄를 범했다. 첫째, 너는 맡은 바 임무인 임금님의 사냥감을 잃어버린 것이 죽을죄다."

뒤에서 지켜보던 왕은 안영의 추궁에 흐뭇해하며 고개를 끄덕였다.

"둘째, 인격 높으신 우리 군주가 한낱 사냥감 때문에 사람을 죽이려 하니, 부덕한 군주로 만든 것이 너의 죄다."

이 말을 뒤에서 듣고 있던 왕은 무언가 자신이 잘못하고 있다는 것을 간접적으로 느꼈다. 안영은 세 번째 잘못을 추궁했다.

"우리 군주가 겨우 사냥감 때문에 사람을 죽였다는 소문이

이웃 나라에 퍼지면 세상 사람들에게 사람을 죽인 군주라고 비난받을 것이니, 이것이 너의 세 번째 죽을죄다. 자, 이러고도 살아남기를 바라느냐?"

안영은 이렇게 세 가지 죄상을 차근차근 말하고 나서 사냥 지기의 목을 베라고 지시했다. 끝까지 듣고 있던 왕은 부끄러워 얼굴이 빨개졌다. 그는 어느새 자신이 사냥감 때문에 분노가 지나쳐서 사람을 죽이는 우를 범하고 있음을 깨달았다. 왕은 슬며시 안영에게 사냥 지기를 놓아주라고 지시했다.

안영은 자신이 모시는 주군과 충돌하지 않고 우회적인 방법으로 신하 된 도리를 다하고 자신의 주군을 올바른 길로 인도했다. 만약 화가 나 있는 왕에게 나아가 직설적인 화법으로 "아니 되옵니다!"라고 외쳤다면 왕은 여러 신하 앞에서 정말 못난 왕이 되었을 것이고, 왕과 신하의 갈등은 더욱 깊어졌을 것이다.

직장 내 상사와 부하 직원의 관계에서 때로는 우회가 곧장 가는 것보다 빠를 수 있다. 우회는 아름답다. 직접적이고 솔직한 표현이 효과가 클 때도 있지만, 고전의 지혜에서 보면 이는 하수들의 방법론이다. 고수는 자신의 감정을 여과 없이 내보내지 않는다. 언제나 한 번 더 생각하고 철저하게 여과해 내보낸다. 전략적 사고는 이성적인 리더만이 할 수 있다. 필부匹夫의 용기를 가진 사람은 직설적이고 직접적이다. 우회를 통해 문제를 해결하려는 사람이 아니라, 오로지 직선적으로 문제 해결을 시도한다.

《손자병법》에서 말하는 우직지계는 비록 지금은 돌아가는 결정이 고통스럽고 힘들겠지만, 그것이 훗날 조직에 이익이 될 것이라는 의미를 담고 있다. 이를 '이환위리以患爲利'라고 한다. 당장은 근심이지만 나중에 이익으로 돌아온다는 뜻이다. 한 수 앞을 보는 것이 아니라, 몇 수 뒤를 볼 줄 아는 사람만이 이해할 수 있는 전략적 사유다.

4

조직을 망치는 리더의
다섯 가지 습관

현장의 리더는 이성적으로 판단하고 전략적으로 사고해야 한다. 이는 《손자병법》뿐 아니라 모든 병법에서 말하는 장군이 갖춰야 할 덕목 중 하나다. 손자는 조직을 망치고, 생존하기 어렵게 만드는 장군의 다섯 가지 습관을 언급했다.

1 필사가살야必死可殺也: 전쟁터에서 죽기만을 각오하고 싸우면 반드시 죽을 것이다

죽기를 각오하고 싸우는 것이 뭐가 나쁘냐고 할 수 있겠지만, 싸움은 오기와 자존심으로 하는 것이 아니다. 여러 차례 분석했을 때 상대보다 전력이 월등히 약하다는 결과가 나왔는데도 오기와 자존심으로 싸운다면 결과는 뻔하다. 객관적 시각으로 상황을 정확히 파악하고 분석해 도저히 이길 수 없는 상황이라면 한발 뒤로 물러서는 것도 지혜로운 자의 생존 방식이다. 죽기만을 각오하고 싸우는 것은 그저 평범한 사람의 용기다. 대장부의 용기는 자기 죽음보다 병사들의 목숨을 더욱 소중히 여긴다. 나 한 몸 죽는 것은 중요하지 않다. 나를 믿고 따르는 자들의 목숨이 더욱 중요하다. 일단 전쟁이 시작되어 적과 싸울 때는 죽음을 각오해야겠지만, 전쟁을 하느냐 마느냐를 결정할 때는 철저히 이성적이어야 한다.

2 필생가로야必生可虜也: 오직 살기만을 생각하고 싸우면 포로가 될 것이다

전쟁에서 오직 살아남아야 한다는 생각만 가지고 싸운다면 역시 적에게 치욕스러운 포로가 될 것이라는 이야기다. 결국 우리가 흔히 하는 "죽기 살기로 싸운다"라는 말은 감정을 자제하지 못하는 하수들의 전쟁 방식이다. 목숨을 걸 때도 있고, 때로는 한발 물러나 전세를 관망해야 할 때도 있다. 무조건 직원들에게 죽기 살기로 싸워야 한다고 윽박지르는 관리자는 이성적으로 싸울 수 있는 현명한 리더가 아니다.

③ 분속가모야忿速可侮也**: 분노를 못 이겨 급하게 재촉하면 수모를 당할 수 있다**

자신의 분노도 조절하지 못하는 사람이 승리하기란 쉽지 않다. 특히 관리자가 자신의 분노를 삭이지 못하고 팀원들에게 사사건건 재촉하고 윽박지른다면 문제는 심각해진다. 전쟁에서 분노는 금물이다. "자신의 분노를 못 이겨 병사들을 적의 성으로 개미처럼 기어오르게 하면 병사들 3분의 1을 잃을 것이다"라는 손자의 경고에는 감정을 조절하지 못한 지도자의 어리석음에 대한 비웃음이 있다. "상대방이 분노하면 그를 더욱 부추겨라! 상대방이 나를 깔보면 그를 더욱 교만하게 하라!"는 병가兵家에서 너무나 당연하게 사용하는 전술이다.

④ 염결가욕야廉潔可辱也**: 절개와 고귀함만 고집하면 치욕을 당할 수 있다**

자신의 명예와 자존심만 소중히 여길 줄 알지 조직의 생사에 관심이 없는 리더는 자신이 고집하는 명예 때문에 도리어 치욕을 당할 수 있다. 명예와 자존심보다 더욱 중요한 것이 조직의 생존이다. 어떤 절개와 고귀함도 조직의 운명 앞에서는 의미가 없다. 자신의 고결함을 조직의 생존보다 중요시하는 사람이라면 리더보다는 성직자라는 직업이 더 어울린다. 이순신 장군이 자신의 고결한 명예만 고집했다면 그를 따르던 병사들은 모두 불귀의 객이 되어 목숨을 잃었을 것이다. 비록 역적으로 몰리더라도 승산 없는 전투에서 병력을 후퇴시킬 줄 알았던 리더였기에 그는 성웅聖雄이 될 수 있었다.

5 애민가번야愛民可煩也: **한 병사에게 집착하면 조직이 어려운 상태에 처할 수 있다**

인정 주의에 잘못 빠지면 조직 전체를 위태롭게 만들 수 있다. 장기에서 자주 사용하는 '주졸보차丟卒保車'의 전술은 '졸을 버리고丟 차를 보호保한다'라는 뜻으로, 비록 아깝지만 솔을 포기하고 차를 살림으로써 조직을 승리로 이끈다는 것이다. 조직의 생존이라는 대의를 위해 아깝지만 조그만 것은 과감하게 포기할 줄 아는 냉철한 이성이 리더에게 필요하다.

《손자병법》에서 말하는 이 다섯 가지 실패 습관의 원인 분석은 적과 대치해 치열한 전쟁이 벌어지는 야전을 염두에 두고 한 말이다. 그러나 매일 벌어지는 치열한 생존 경쟁은 마치 야전을 방불케 한다. 싸워서 살아남는다는 것은 결코 쉽게 얻어지는 열매가 아니다.

손자는 감정과 분노를 조절하지 못하고 죽기 살기로 싸우는 장군은 재앙을 불러일으킬 것이며, 그 책임은 전적으로 장군의 몫이라고 말했다. 위의 다섯 가지 습관 중에 어느 한 가지라도 가진 리더는 조직에 해를 끼치게 되니, 만일 당신이 조직을 이끄는 리더라면 반드시 자신을 점검해 보기를 바란다.

이와 비슷한 이야기가 마르코 폴로Marco Polo의 《동방견문록》에 등장하는데, 가장 눈에 띄는 인물이 바로 칭기즈칸의 손자 쿠빌라이다. 역사가 중에는 '쿠빌라이' 하면 일본 원정에 실패한 일부터 떠올리는 사람이 많다. 그의 일본 원정 실패로 인해 가미카제神風(원나라가 침략할 때마다 일본에 불어온 대형 태풍 덕분에 몽골군을 막아낼 수 있었다 하여 이 태풍을 신이 지켜주는 바람이라는 뜻으로 신풍, 즉 가미카제라 불렀다) 전설이 생겨났기 때문이다.

원나라의 일본 원정은 두 차례에 걸쳐 이루어졌는데 모두 실패했다. 일본인은 두 번이나 쿠빌라이가 보낸 사신을 참수하고, 또 두 번이나 원정군에 참담한 패배를 안겨주었다. 극도로 분노한 쿠빌라이는 대제국의 황제로서 위신을 세우기 위해 3차 원정을 준비했지만 "일본이 외딴곳에 떨어져 있는 섬의 오랑캐이므로 이를 정벌하려면 백성들을 크게 괴롭히게 되니 원정을 포기한다"라고 했다. 분노와 자존심 때문에 자신의 병력을 몰살시키는 무모한 공격을 하지 않은 것이다. 오늘날까지 일본 규슈 지역의 하카타만에 남아 있는 원나라 군사들 무덤인 원구총元寇塚은 당시 가미카제의 위력을 잘 보여준다. '현실의 상황을 무시한 오기나 감정적 대응은 조직을 자멸로 이끌 뿐'임을 일깨워주는 역사적 교훈이다.

손자는 만약 형세가 불리해서 피동적인 위치에 놓이면 실력을 보존해서 나중에 다시 싸울 수 있도록 하라고 조언한다. 우리 주변에는 자기 자신을 함부로 소진하는 경영자가 의외로 많다. 시장에는 나보다 앞서는 회사가 얼마든지 있고, 나보다 힘센 기업도 많다. 이때는 세상의 동향을 세밀히 살피며 발톱을 감추고 있다가 결정적인 기회가 왔을 때 공격해도 늦지 않다.

더불어 퇴각해야 할 때 퇴각하지 못하면 공격도 할 수 없다. 마찬가지로 공격해야 할 때 공격하지 못하면 퇴각도 할 수 없다. 공격과 퇴각의 시기를 모르면 언제 어느 때 적의 포위망에 둘러싸인 채 패배하게 될지 모르는 오합지졸이 된다.

5

송나라 양공의
우아한 자존심

전장에서 병사들의 훈련을 지휘하고 사기를 북돋우며, 적에 대한 정보와 병기를 다루는 법 등을 알려주는 사람은 장군이다. 장군은 안목이 뛰어나야 하고, 방향감각이 정확해야 하며, 지형지물을 잘 읽을 줄 알고, 기후변화도 정확히 알고 있어야 한다. 또 적의 정보 등 여러 가지 사항을 누구보다 잘 파악하고 있어야 한다. 어느 한 가지라도 잘못된 결정을 내린다면 군대는 패배할 것이다. 대장군은 전략적 의사 결정을 내리는 리더라고 볼 수 있다. 리더가 자신의 판단과 고집만으로 잘못된 방향을 제시한다면 조직은 벼랑 끝으로 향하게 된다. 그러므로 리더는 전략적 사고로 철저히 무장해야 하고, 이것이 중간 관리자들에게 이어져야 한다.

1977년에 퍼스널 컴퓨터를 처음 선보인 미국의 애플사
는 1984년 그래픽 인터페이스와 아이콘 클릭으로 프로그
램을 여는 윈도 형식의 매킨토시를 내놓아 컴퓨터 분야에
혁명을 일으켰지만, 상업적으로 그다지 성공을 거두지 못
했다. 애플의 최고경영자 스티브 잡스Steve Jobs가 기술에
집착한 나머지 소비자의 트렌드를 무시했기 때문이다. 그
결과 기술적인 우위에도 불구하고 폐쇄적인 시스템에 머
물렀으며, 결국 시장을 마이크로소프트에 대부분 넘겨주고
말았다.

애플을 떠나야 했던 스티브 잡스는 2000년에 다시 돌아
와 애플을 부활시켰다. 그는 이미 폐쇄적 사고에서 전략적
사고로 바뀌어 있었다. 고질적인 기술 집착증에서 벗어나
시장 대응 관점에서 혁신을 이루어나간 것이다. 소비자의
취향에 철저히 맞춘 디자인 개발에 전력했으며, 퍼스널 컴
퓨터 메이커에서 탈피해 MP3 플레이어와 음악 다운로드
서비스 시장에 뛰어들어 2년 만에 세계 MP3 플레이어 시
장에서 선두를 차지했다. 애플은 비즈니스 역사상 가장 주
목해야 할 재기한 기업 사례로 평가받고 있다.

이와 반대 사례로는 제록스를 들 수 있다. 제록스는 1960년
대만 하더라도 시장점유율 100퍼센트를 자랑하던 회사다.

그러나 저가 복사기 제품들이 쏟아져 나오기 시작하면서 시장점유율을 잠식당해 1980년대에는 50퍼센트로 하락했다. 제록스는 시장을 다각화하기 위해 몇몇 회사를 인수하며 새로운 분야로의 진출을 모색했으나 모두 실패하고 말았다. 1970년에는 팰로앨토연구소를 설립하고 오늘날 컴퓨터의 원형을 만들어냈지만 이 또한 실패했다. 다가오는 정보화 사회를 위한 연구가 필요하다고 생각만 했을 뿐 이에 대비하는 전략적 사고가 없었기 때문이다. 말하자면 연구소를 설립하면 모든 것이 해결될 것으로만 생각했는데, 연구소에 모인 사람들은 컴퓨터 전문가일 뿐 만들어낸 기술을 상품화하는 데는 관심이 없었다. 이를 토대로 퍼스널 컴퓨터를 만들어 판 것은 애플이었다. 제록스는 복사기 기술을 기반으로 하는 고성능 인쇄기와 프린터 분야에만 관심이 있었다. 현재 제록스는 스캐너·프린터·인터넷 네트워크 등 여러 가지 제품을 생산하고 있지만, 복사기 전문 기업이라는 이미지를 탈피하지 못하고 있다. 시장성과 기업 변화에 맞는 전략적 사고가 부족했던 결과였다.

《손자병법》이 쓰인 기원전 5~6세기 이전에도 수많은 전쟁이 있었고, 그때 활약한 장군들은 대부분 전략적 사고를 갖추지 못한 인물들로 평가된다. 손자 이전 시대는 전쟁이 하나의 게임이었다. 군자들이 그저 입으로 병사들을 움직여 자신의 체면과 자존심을 내세우는 하나의 경기에 불과했던 것이다. '송양지인宋襄之仁'이라는 성어는 전략적 사고를 하지 못한 리더를 만나 병사들이 몰살당한 역사적 예로 자주 쓰인다. 고사성어가 나온 배경은 이렇다.

기원전 648년 11월 어느 초겨울, 송나라와 초나라는 홍수泓水라는 강가에서 전쟁을 하기로 약속했다. 당시만 해도 전쟁은 날짜와 시간을 정해 규칙에 따라 싸우는 귀족들의 게임이었다. 먼저 와서 초나라 군대를 기다리던 송나라 제후 양공襄公은 강 건너에 있는 초나라 군사들의 수가 자기 군사보다 훨씬 많다는 것을 알고 내심 걱정했다. 정식으로 약속된 장소에서 싸운다면 질 것이 자명했기 때문이다. 송나라 군대가 이길 방법은 단 한 가지, 지금 강을 건너는 초나라 군대를 기습하는 길밖에 없었다. 양공의 아들 목이目夷가 말했다.

"아버님, 초나라 군사는 우리보다 수가 훨씬 많습니다. 이 들판에서 싸운다면 우리가 질 것은 자명합니다. 지금 적이 강을 건너느라 혼란스러울 때 공격해야 우리 군대가 적은 병력으로도 이길 수 있습니다."

양공은 아들의 실리적인 제안을 거절했다.

"상대방이 어렵고 힘든 틈을 타 공격한다면 진정한 군자라 할 수 없느니라. 지금 초나라 군대는 추운 초겨울 날씨에도 강을 건너고 있는데, 그 어려움을 틈타 공격한다면 다른 제후들이 뭐라 하겠느냐? 싸움에서 이긴다 한들 누가 그 승리를 인정해줄 것이냐?"

당시에는 기습적인 공격이나 습격은 이웃 제후들의 비난과 역사가들의 준엄한 심판이 쏟아졌다. 전쟁하러 가다가도 상대방 국가의 국왕이나 주요 지도자가 갑자기 상을 당하면 하던 전쟁도 멈춰야 했고不加喪(불가상), 상대방 나라에 재난이 발생하면 하던 공격도 멈추어야 했으며不因凶(불인흉), 기습 공격은 절대로 안 되고 정면 공격만 되며偏戰(편전), 나이 많은 사람은 포로로 잡으면 안 되고不擒二毛(불금이모), 상처를 입은 적의 병사에게 두 번 상처를 주면 안 되는 不重傷(불중상) 것이 춘추시대 우아한 귀족들의 군대 예절이었다. 명분과 실리 사이에서 고민하던 양공은 명분을 선택했고, 그 결과 송나라 군대는 대패하고 말았다. 양공도 그때 크게 다쳐 얼마 못 가 죽고 말았다. 전투에 참여한 5,000명의 병졸 또한 모두 죽었다.

양공의 예상과 달리 전쟁이 끝나고 세상 사람들은 의외로 양공의 명분을 칭찬하지 않았다. 사람들은 "송나라 양공은 정말 멋있고 휴머니즘仁 있는 지도자야!"라고 빈정대면서 자신의 소신과 명분을 위해 병사들을 몰살시킨 양공의 어리석음을 비웃으며 '송양지인'이라는 말을 만들어냈다. 이 전쟁은 지도자가 자신의 우아한 명분을 위해 자신을 믿고 따르던 죄 없는 병사들을 몰살시킨 춘추 말기 마지막 명분 전쟁으로 전해지고 있다.

조직의 생존 앞에는 어떤 명분도 우아한 원칙도 있을 수 없다. 장군으로서 손자의 목표는 병사들의 생존이었다. 조직은 생존할 때 의미가 있다는 것이 《손자병법》의 패러다임이다. 손자는 생존 원칙을 저울에 비교한다. 저울의 힘은 균형이며, 균형은 곧 생존이다. 저울에 다는 물건이 바뀔 때마다 저울추를 바꾸어 달아야 항상 균형이 유지된다. 상황이 바뀌었는데 옛날에 재던 저울추를 고집한다면 균형은 깨지고 결국 조직은 생존에 실패한다. 수십만 명의 병사를 인솔해 원정을 떠나는 장군의 마음을 헤아려보면 결론은 자명하다. 병사들과 그들에 딸린 수많은 식구의 생존보다 더 우선하는 가치나 명분은 없다는 것이 《손자병법》의 지론이다.

리더의 소신과 원칙은 아름답다. 그러나 그 소신은 조직의 생존을 기반으로 할 때 의미가 있다.

6

적을 유인해
기회를 만들어라

전쟁은 적대하는 쌍방이 목숨을 건 싸움으로, 상황이 순식간에 변하기 때문에 전투 기회를 조금만 놓쳐도 곧바로 사라진다. 그러므로 탁월한 지휘관은 상황에 따라 그때그때 새로운 전략을 세우는 데 능하다. 그렇게 자신의 역량을 능동적으로 충분히 발휘함으로써 적을 제압할 전투 기회를 만들어낸다.

치열한 시장 경쟁 속에 있는 경영자의 입장도 마찬가지다. 기업이 생산한 상품은 잘 팔릴 때도 있고 팔리지 않을 때도 있다. 어느 지역에서는 환영받지만, 다른 지역에서는 배척받기도 한다. 그러므로 자기 상품이 잘 팔리기를 원한다면 객관적으로 시장을 인식하고 분석해서 자신이 승리할 전기를 부단히 창조하고, 전진과 후퇴 시기도 최대한 조정해야 한다.

특히 시장에 뒤늦게 뛰어든 소기업의 경영자는 약자의 관점에서 더욱 이 전략에 힘을 쏟아야 한다. 시장에는 큰 기업이 주도하는 '대세'라는 것이 있다. 그것을 작은 기업의 힘으로 무너뜨릴 수도 없거니와 한 방향으로 일방적으로 흐르는 물살을 거스를 수도 없다. 아무리 소비자를 충족시킬 상품을 갖고 있다 해도 단숨에 대세를 변화시키는 게 불가능하므로 인내심을 가지고 객관적으로 시장을 분석하면서 승리할 수 있는 전기를 엿봐야 한다. 전쟁을 지휘하는 장수든 기업을 이끄는 기업가든 적이란 단지 사람만을 의미하는 것은 아니다. 시간도 적이고, 환경도 적이다. 따라서 보이지 않는 적인 '시간'과 '환경'을 내게 유리하게 만드는 자세가 필요하다.

非 危 不 戰
비위부전

위급한 상황이 아니면 싸우지 마라

위급危한 상황이 아니면 싸우지戰 마라의 의미인 '비위부전非危
不戰' 전술은 내 차 앞으로 다른 차가 끼어들었다고 화내며 싸우
고, 식당에서 자신을 무시했다고 종업원과 싸우고, 직장에서 욕
먹었다고 싸우는 사람들이 특히 명심해야 할 전술이다.

분노에 의한 싸움은 하수들의 행동 양식이다. 남는 것이 없을
뿐만 아니라 이겨도 시원치 못하다. 내 목숨이 경각에 달려 있
고, 내 생존이 걸려 있는 일이라면 당연히 칼을 들어야 한다. 그
것도 신중히 상대방과 나의 전력을 정확하고 객관적으로 비교
분석해 적절한 전술을 마련해 싸워야 한다. 싸움의 승패는 나의
생존을 좌우할 수 있기 때문이다.

손자도 전쟁은 국가의 존망과 개인의 사생이 달린 중요한 일이
기 때문에 신중히 결정해야 한다고 몇 번이고 강조했다. 군주가
노여움 때문에 군사를 일으켜서는 안 되고, 장수가 분하다고 싸
움을 벌여서도 안 된다는 것이다. 결국 전쟁은 신중하게 결정
하라는 손자의 신전愼戰 사상에는 휴머니즘을 전제로 한 철학
이 담겨 있다. 싸우지 않고 이기는 것이 가장 아름다운 승리다.
상대방의 싸우려는 의도를 꺾어버리면 어떤 갈등도 없이 윈-윈
게임을 할 수 있다. 그러나 도저히 갈등이 해결되지 않을 때는
전면전을 할 수밖에 없는데, 이때는 과연 전쟁해서 얻는 것이

무엇인가를 면밀하게 따져봐야 한다.

"얻을 게 없으면 함부로 움직이지 마라非得不用(비득불용)!" "이익이 없으면 움직이지 마라非利不動(비리부동)!" 이러한 단순한 명제는 과연 무엇을 위해 싸워야 하는가를 잘 보여준다. 단순히 경쟁자와의 자존심 때문에 무리한 결정을 하는 것을 경계해야 한다. 기업을 하는 사람이 전혀 성과가 기대되지 않는 곳에 무리하게 투자하고 전력을 허비해 조직의 근간을 위협하는 경우를 가끔 본다. 여러분은 얼마나 자주 싸우는가? 혹시 승리의 환상에 사로잡혀 무리한 싸움을 하고 있지는 않은가? 고수는 자주 싸우지 않는다. 다만 한번 싸우면 이긴다.

5장

설득하고 협상하라

《한비자》의
설득 8계명

　춘추전국시대에는 '유세객遊說客'이라는 전문가 집단이
있었다. 당시 제후들을 찾아다니며 자기 능력이나 정치적
이상을 유세하며 설득하는 집단이었다. 그중 제자를 양성
하며 자신의 학파를 이룬 사람에게는 '자子, master'라는 명
예로운 칭호가 붙었다. 이들을 철학사에서는 여러諸 선생
子과 많은百 전문가家란 뜻으로 제자백가諸子百家라고 한다.
이들은 난세의 전문가였다. 세상을 누구보다 고민했고, 수
많은 대안을 쏟아냈다. 그들이 내놓은 난세의 처방이 바로
중국 고전이다. 그들의 군주에 대한 설득과 협상 방법은 오
늘날까지 우리에게 지혜를 준다. 당시 유세객들은 자기 능
력을 팔기 위해 군주에게 설득력 있게 다가갈 필요가 있었

다. 어떻게 하든 자신의 비전과 꿈으로 자신을 기용할 군주를 설득해야 했고, 자신의 정책을 백성과 귀족들이 받아들이도록 하는 것이 그들의 주요한 과제였다. 그래서 그들에게는 설득과 협상이 중요한 능력 중 하나였다.

요즘도 기업이든 개인이든 설득과 협상은 경쟁력의 중요한 요소 중 하나다. 현대사회에서는 개인과 개인, 개인과 조직, 조직과 조직의 만남이 끊임없이 이루어진다. 그러한 만남에서 설득과 협상은 매우 큰 비중을 차지한다. 하지만 이는 결코 쉬운 일이 아니다. 《한비자韓非子》는 법가 철학자 한비가 남긴 책으로, 설득과 협상의 중요성을 강조했다. 《한비자》의 〈세난說難〉 편에는 설득을 위한 몇 가지 원칙이 나온다. '세난'이라는 말 자체가 상대방을 설득하고 유세說하는 일이 어렵다難는 의미다.

누군가를 집요하게 설득해본 적이 있는 사람은 그 과정이 얼마나 힘든지 잘 안다. 특히 나보다 높은 지위와 결정권을 가진 윗사람을 설득한다는 것은 쉬운 일이 아니다. 신하가 군주를 설득하는 것, 영업 사원이 고객을 설득하는 것, 부하가 상사를 설득하는 것은 각각 상황은 다르지만 고도의 논리와 기술, 감성이 있지 않고서는 불가능하다. 《한비자》에 나오는 윗사람을 설득하는 원칙을 열거하면 다음과 같다.

1 상대방의 마음을 정확히 읽어라

설득을 위한 가장 중요한 원칙은 상대방의 마음을 정확히 읽는 지심知心이다. 설득의 기술은 말을 잘하거나 논리가 정연한 것만은 아니다. 물건을 고를 때 물건 파는 사람이 너무 논리적으로 설득하려 하면 거부감이 생기는 이치와 같다. 중요한 원칙은 상대방이 무엇을 원하는지 마음을 읽고 설득해야 한다. 상대방은 명예와 명분을 원하는데 이익과 실리만 강조한다면 세속적이고 천박하다며 욕먹을 것이고, 반대로 실리를 찾고 있는데 명분만 강조한다면 세상 물정 어둡다고 멀리할 것이다. 겉으로는 명예를 말하지만 속으로는 이익을 원하는데, 명분으로만 설득한다면 표면적으로는 받아들일지라도 실제로는 그를 멀리할 것이라는 지적이다. 상대방 마음을 정확히 아는 것이 설득의 선결과제다. 머리를 이해시키면 끄덕이지만, 마음을 설득하면 원하는 방향으로 따라온다. 설득은 마음을 얻어야 한다.

2 상대방의 약점을 건드리지 마라

누구에게나 감추고 싶은 비밀이 있다. 상대방의 비밀을 잘못 건드리면 설득은커녕 그로 인해 화를 입을 수 있다. 때로는 알아도 모르는 체해야 할 때가 있다는 뜻이다. 안다고 다 말해서는 안 된다. 술 먹은 다음 날 상사가 전날 했던 술주정을 재미있다고 남 앞에서 공개적으로 말한다거나, 상사가 가장 가슴 아프게 생각하는 약점을 거리낌 없이 떠들고 다닌다면 결국 화를 입게 될 것이다. 올바른 인간관계를 유지하기 위해서는 마지막까지 해서는 안 될 말이 있다. 아무리 부하 직원이라도, 20년을 같이 산 부부 사이여도 해서는 안 될 말이 있는데 바로 약점을 건드리는 말이다. 상대방의 약점을 건드리면 결국 인간관계는 다시 회복할 수 없을 만큼 손상을 입는다.

❸ 신임을 얻은 후 말하라

신뢰를 얻는 득신得信의 원칙 중 하나다. 상대방에게 아직 충분한 신임을 얻지도 않았는데 직언과 직설로 유세하면 신상이 위태로워진다. 조직에 들어온 지 얼마 되지도 않은 사람이 마치 회사를 혼자 살릴 것이라는 자만으로 상사를 직설적으로 설득하려 하면 결국 의견이 제대로 받아들여지지 않을뿐더러 화를 부를 수 있다. 설득은 상대방에 대한 신뢰가 바탕이 되었을 때 이루어진다. 설득하기에 앞서 충분히 신뢰를 쌓아야 한다. 그러기 위해서는 성실한 자세로 맡은 바 임무를 충실하게 수행하는 모습을 보여주어야 한다. 자신이 맡은 임무도 제대로 하지 못하는 사람의 말을 귀담아들을 사람은 아무도 없다. 모두가 그 사람을 신뢰할 때 그의 말 한마디가 무게 있게 다가오는 것이다.

④ 상대방에 대한 논의를 삼가라

상대방의 직속 부하나 총애하는 사람에 관한 이야기는 되도록 피한다. 아무리 진실이라도 상대방 주변 사람들에 대해 거론하면 듣는 처지에서는 편견으로 들린다. 측근의 행적이나 그에 대한 평가는 최대한 조심스럽게 해야 한다. 측근을 칭찬하면 아부한다고 할 것이고, 비난하면 이간질한다는 오해를 불러일으킬 수 있다.

⑤ 상대방의 기호를 살펴라

설득에서 중요한 것은 상대방이 좋아하는 일은 미화하고, 상대방이 꺼리는 일은 덮을 줄 알아야 한다는 점이다. 상대방이 가장 자랑스럽다고 생각하는 것에 대해서는 자주 이야기를 꺼내도 좋지만, 상대방이 부끄럽게 여기는 일에 대해서는 절대로 발설하지 말아야 한다. 상대방을 설득하기 위해서는 고도의 이성적 사유가 필요하다. 세상은 상대방의 좋은 점만 이야기하고 살기에도 시간이 너무 짧다. 상대방의 장점은 아무리 칭찬해도 해가 되지 않음을 기억하라.

6 상대방의 의도를 공개화하지 마라

상대의 의도를 안다고 공개하면 상대는 나를 경계하게 된다. 내가 알고 있더라도 상대는 모른다고 생각하게 해야 한다. 나는 상대의 의도와 목적을 모두 알고 있고, 상대는 내가 알고 있다는 것을 모를 때 협상의 주도권을 쥐게 된다. 내가 모시는 주군의 의도를 다른 신하들이 있는 가운데 떠벌리면 군주는 자신의 의도를 알아챈 나를 멀리할 것이다. "아는 자는 말하지 않는다知者不言(지자불언)"라는 《도덕경》의 화두가 떠오른다. 알고 있더라도 말하지 않는 것이 앎의 가치를 높이는 방법이다.

7 적절한 언어를 구사하라

언어는 상대를 설득하는 열쇠와 같다. 똑같은 말이라도 어떤 언어를 선택하느냐에 따라 상대방이 받아들이는 태도가 달라진다. 상대가 이해할 수 있는 언어로 설득하고, 비유와 예를 들어 상대의 마음을 움직여야 한다. 설득은 화려한 수사가 아니라, 상대의 마음을 얻는 것이다. 간결하면서 적절하고, 올바른 언어를 선택함으로써 상대가 스스로 자신을 설득하게 만들어야 한다. 노자는 불언지교不言之敎를 통해 말 없는 설득력을 발휘해야 한다고 한다. 말을 많이 한다고 상대를 설득할 수 있는 것이 아니라, 간결한 말

속에서 강한 설득력을 발휘할 수 있다.

8 군주의 마음을 얻기 위해 수단과 방법을 가리지 마라

위나라 장군 오기吳起는 병사들을 설득하기 위해 말단 병사의 등창 고름을 입으로 빨아주었다. 대장군이 병사를 위해 더러움을 가리지 않고 한 행동은 병사들의 마음을 얻었고, 결국 전쟁의 승리로 연결되었다. 군주가 원하는 것이 무엇인지를 알면 비록 천하고 험한 일이어도 마다하지 않고 행했을 때 그 마음을 얻을 수 있다.

한비가 말한 설득의 미학은 법가 철학자답게 명분이나 원칙보다는 상황의 중요성을 강조한다. 상황은 모든 실천의 기준이며 토대다. 설득은 상황을 제대로 이해하지 않고는 불가능하다. 상대방 입장과 처지를 고려해 배려와 이해로 다가갈 때 의사소통은 완성되며, 설득은 가능해진다.

| 2 |

때로는 속임수도 기술이다

목표가 명확한데 상사는 몸만 사리고, 직원들은 동조는 커녕 자신들의 이익만 챙기려 든다고 하자. 이들을 어떻게 설득할 것인가? 충신이 되어 상사에게 용기 없음을 질책할 것인가, 아니면 직원들에게 소리 지르며 압박할 것인가? 어떤 것도 진정한 설득이라고 할 수 없다. 공부 안 하는 자식에게 소리 지른다고 해서 자식을 설득할 수 없다. 부모가 보는 앞에서 잠시 공부하는 체하게 할 수는 있어도 스스로 공부하는 자식이 되게 하지는 못한다. 때로는 그들의 눈을 잠시 가리고 내가 원하는 목표를 향해 갈 수 있도록 하는 것도 설득의 한 방법이다.

"하늘을 속이고 바다를 건너라!" 이는 1장에서 설명했듯이 '만천과해' 전술이다. 만은 속인다는 뜻이고, 천은 하늘처럼 높은 사람(천자)을 의미한다. 그래서 만천은 천자를 속인다, 과해는 바다를 건넌다는 뜻이다. 즉, '바다를 건너는 것이 목표라면 신하가 얼마든지 황제의 눈을 속여 바다를 건너게 할 수도 있다'라는 전술이다. 여기서 하늘은 황제가 될 수도 있고 백성이 될 수도 있다. 바다는 건너야 하는데 황제가 바다를 두려워해 건너는 일을 주저한다면 유능한 신하는 잠시 황제의 눈을 가려 앞을 못 보게 하고 바다를 건너는 지혜를 발휘해야 한다. 이 계책은 명나라 시절의 백과사전이라고 할 수 있는《영락대전永樂大典》의 당 태종에 관련된 이야기에서도 나온다.

정관貞觀의 정치로 유명했던 당 태종이 30만 명의 병력을 이끌고 동쪽을 정벌하러 갈 때 바닷가에 이르렀다. 끝없이 펼쳐진 망망대해의 위용 앞에서 태종은 바다를 건넌다는 것이 무리라고 생각해 주저했다. 이때 바닷가 근처에 사는 어느 귀족 노인이 황제에게 나아가 자신이 황제의 30만 대군을 위해 양식을 준비했으며, 황제를 모시고 자기 집에서 주연을 베풀고 싶다고 청했다. 황제는 기쁜 마음으로 백관들을 데리고 노인의 집에 갔다. 집은 사방이 오색찬란한 장막으로 덮여 있었다.

노인은 황제를 실내로 인도했다. 백관들과 황제는 술을 마시며 연회를 즐겼는데, 얼마 지나지 않아 바람이 사방에서 일더니 파도 소리와 함께 술잔이 뒤엎어지고 사람들이 요동치기 시작했다. 태종이 깜짝 놀라 보좌관에게 장막을 걷어보라고 명령했는데 밖은 끝없이 펼쳐진 망망대해였고, 어디에도 노인의 집은 보이지 않았다. 그가 있는 곳은 바로 전함 안이었고, 30만 대군은 이미 황제와 함께 바다를 항해하고 있었다.

원래 이 노인은 새로 부임한 설인귀薛仁貴라는 장군이 분장한 것이었다. 황제가 바다를 두려워해 건너는 것을 꺼리자 천자를 속이고 바다를 건너기 위해 만천과해의 전술을 사용한 것이다. 군주를 모시는 신하는 대업을 달성하기 위해 주저하는 군주를 속일 줄도 알아야 한다. 참모가 주군의 눈을 가리고 속여서는 안 되지만, 주군이 분명히 가야 할 길을 앞두고 주저한다면 참모는 주군의 결정만 따를 수는 없다.

다만 여기에는 몇 가지 전제가 있다. 첫째, 바다를 건너고 나서 주군이 웃을 수 있는 대의명분이어야 한다. 속이는 것이 자신의 이익을 위하고 개인적 판단에 의한 것이라면 오히려 이 전술은 독이 될 수 있다. 나중에 누가 봐도 인정할 수 있는 명분이 있어야만 의미가 있다. 둘째, 조직의 생존과 대업을 완수하기 위한 목표가 뚜렷해야 한다. 셋째,

개인의 욕심이 개입되어서는 안 된다. 넷째, 비록 주군을 속인 죄로 벌 또는 버림을 받더라도 후회하지 말아야 한다.

오늘날의 상황을 만천과해에 빗대었을 때 하늘이 꼭 황제만 가리키는 것은 아니다. 하늘은 국민일 수도 있고, 직원일 수도 있고, 대중일 수도 있다. 나라가 가야 할 길이 있는데 모든 국민이 그 길을 외면하고 있다면 과감하게 그들의 눈을 가릴 수 있어야 한다. 오기와 윽박지름만으로 국민을 끌고 가려 한다면 하수 중 하수다. 회사가 개혁과 혁신을 통해 새로운 생존 전략을 찾아야 할 때 직원들이 개혁의 피로감으로 동참하기를 꺼린다면 만천과해의 전술을 활용할 만하다.

《손자병법》에 이런 구절이 있다. "장군은 모든 병사에게 모든 작전을 일일이 설명해줄 수는 없다." 작전의 구체적인 내용을 일일이 설명하는 것은 오히려 의견을 분열시키고 효율성을 떨어뜨릴 수 있다. 설득에서 때로는 상대방의 눈을 가리는 것도 한 방편임을 기억하라.

| 3 |

《논어》에서 말하는
효과적인 설득의 방법

수많은 동양 고전 중에서 대인 관계와 관련한 최고의 책을 꼽으라면 두말할 나위 없이 《논어論語》일 것이다. 《논어》에는 부모와 자식, 군주와 신하, 국가와 백성, 친구와 친구, 직장 상사와 부하 직원 등 모든 인간관계에 대해 언급되어 있다. 《논어》에서 말하는 인간관계, 특히 기업과 고객과의 인간관계를 잘 맺기 위한 설득의 핵심 원칙 여섯 가지를 소개한다.

■ 상대방 처지에서 생각하라

상대방 처지에서 생각하고 상대방의 마음을 헤아리는 것이 인간관계의 시작이다. 내가 쓰고 싶지 않은 물건은 고객도 쓰고 싶지 않을 것이다. 어떤 제품이든 고객의 관점에서 생각하고 만든다면 소비자가 좋아하는 제품을 내놓을 수 있다. "내가 하고 싶지 않은 일은己所不欲(기소불욕), 남에게 시키지 마라勿施於人(물시어인)." 내가 쓰고 싶지 않은 물건은 상대방도 쓰고 싶지 않다. 내가 싫어하는 것은 상대방도 싫어하기 때문이다.

❷ 남이 나를 알아주지 않는다고 걱정하지 마라

좋은 보석은 누구나 알아보게 마련이다. 나를 알아주지 않는다고 불평할 것이 아니라 정말 알아줄 만한 실력과 인격을 먼저 갖추면 모든 사람이 인정한다는 뜻이다. 고객이 원하는 물건을 만들어라. 그러면 고객이 그 제품을 알아줄 것이다. 물건이 안 팔린다고 불평하지 말라는 것이다. "남이 나를 알아주지 않는다고 근심하지 말고不愚人之不已知(불환인지불기지), 내가 남을 알아주지 못함을 근심해야 한다愚不知人(환부지인)."

❸ 잘못을 고치는 데 주저하지 마라

잘못을 알고도 고치지 않는 것이 잘못이다. 자사 제품의 문제점을 인정하고 적극적으로 소비자에게 용서를 구하고 리콜하는 기업 풍토는 요즘 아주 보편적인 기업 문화로 자리 잡았다. 문제가 있는데도 쉬쉬하며 이를 덮으려 하다가는 결국 늪에 빠져 허우적거리는 최악의 상황을 맞이할 것이다. "잘못이 있다면 고치는 데 두려워하지 말라過則勿憚改(과즉물탄개)." 잘못을 저지른 것이 잘못은 아니다. 잘못을 인정하지 않고 반복하는 것이 잘못이다.

④ 자신과 다르다고 공격하지 마라

나와 다른 것에 대해 무조건 비판하고 깎아내린다면 결국 본인에게 해만 될 뿐이라는 경고다. 다른 제품도 인정하고 자사 제품의 우수성을 강조한다면 소비자가 더욱 신뢰하는 기업이 될 것은 자명하다. "나와 다른 것에 대해 공격한다면攻乎異端(공호이단), 이것은 나에게 손해가 되어 돌아올 것이다斯害也(사해야)."

⑤ 내 탓을 인정하라

군자는 공자의 영원한 이상형이었다. 떳떳이 모든 책임을 인정하고 모든 것을 자신의 탓이라고 말할 수 있는 사람이 진정한 군자다. 기업이 모든 책임을 스스로에 돌리는 것은 쉽지 않은 일이다. "군자는 모든 책임을 자기에게서 찾고君子求諸己(군자구저기), 소인은 모든 책임을 남에게 돌린다小人求諸人(소인구저인)."

6 모든 사람과 조화를 이룬다

'화和'는 다름의 하모니다. 서로 다른 악기들이 서로를 인정할 때 화음이 만들어진다. '동同'은 같음의 패거리다. 똑같음은 보기에는 좋아도 몰락의 시작이다. 다름을 인정하지 않는 조직은 오래가지 못한다. 화는 조화, 즉 탄력적인 눈높이를 가지고 주변 사람들과 역동적인 인간관계를 맺는 것이다. 반면 동은 패거리로, 고정관념과 이익에 눈이 가려 패거리를 만들어 싸우는 사람이다. 좋은 회사는 사회와 역동적인 파트너십을 발휘한다. 오로지 자신의 이익을 위해 불의와 패거리 만드는 일은 하지 않는다. "군자는 화합을 추구하며 같음을 강요하지 않는다君子和而不同(군자화이부동). 소인은 패거리만 만들고 조화를 이룰 줄 모른다小人同而不和(소인동이불화)."

|4|

협상의 대가
중국인의 세 가지 원칙

외국에서 기업 인수 합병M&A을 컨설팅하는 회사를 운영하는 한 한국계 협상 전문가는 한국 기업들이 외국 회사와의 협상에서 손해 보는 가장 큰 이유가 준비가 철저하지 않기 때문이라고 말했다. 그리고 개방된 대화가 부족해 협상이 진행될 때 처음부터 의견을 제시하기보다는 한참 진행된 후 불만을 이야기하는 경향이 있어 불필요하게 시간과 노력을 낭비한다고 설명했다.

노사 협상에서도 흔히 결정을 내리지 못하고 극단적 상황까지 이르는 경우가 많은데, 이러한 노사 문화가 한국 기업에 투자하려는 외국 기업들이 가장 꺼리는 부분이다. 노조 문제를 해결하는 데는 경영진의 역할이 중요함에도 경영진은 정보를 공유하지 않고 노조를 달래려고만 한다. 또한 노조는 경영진이 내린 결정에 대해 비판적 시각으로 바라보는 경향이 있다. 서로의 마음을 읽고 서로에 대한 정보를 공유할 때 협상은 원활히 이루어지며, 그 조직은 순조롭게 돌아갈 것이다.

협상은 상대방의 마음을 얻는 것이다. 노사 간의 협상이든 조직 간의 협상이든 상대방의 마음을 움직여야 원만한 결론을 내릴 수 있다. 당장은 약간의 서로 다른 소이小異가 있어도 큰 점에서 공유하는 대동大同의 가치가 있다면 협상에서 필요한 것은 '대동'이지 '소이'가 아니다. 때로는 다양한 카드를 가지고 상대방의 마음에 유연하게 대응하는 것이야말로 협상의 고수들이 사용하는 방법이다.

중국인을 협상의 대가라고 한다. 중국인과 한 번이라도 협상을 해본 사람들은 중국인 상대하기가 정말 만만치 않다고들 한다. 많은 사람의 공통적 의견은 도무지 그들의 속내를 모르겠다는 것이다. 상대방의 속마음을 모르니 협상을 원활하게 진행하지 못하는 것은 당연하다. 중국인은 무궁한 역사를 지나오면서 터득한 나름의 협상 원칙 몇 가지를 갖고 있다. 그들이 가지고 있는 전통적인 협상의 원칙들을 지피지기의 관점에서 살펴보자.

1 구동존이求同存異: **공통점을 구하고 차이점은 놔둔다**

중국인의 협상 원칙에서도 가장 중요한 협상 코드 중 하나가 추통춘이, 우리말로 구동존이求同存異다. 중국인에게 많은 존경을 받은 정치인 주은래周恩來가 이 원칙을 강조한 이래로 중국 외교의 제1원칙으로 사용되고 있다.

구동求同은 상대방과 같은 것을 찾으려고 노력하는 것이며, 존이存異는 지금 당장 생각과 견해가 다른 것은 잠시 마음속에 담아놓으라는 의미다. 즉, 협상할 때 서로 같은 점이 무엇인지 찾으려 노력하고, 의견이나 입장 차이는 잠시 보류해놓는다는 뜻이다. 만나서 서로 다른 점만 찾으려 한다면 시작도 해보기 전에 공감대가 형성되지 못하고 협상은 깨질 것이다. 서로 같은 점을 찾으려고 노력하는 것이야말로 협상을 성공적으로 이끄는 길이다.

미국과 중국이 외교를 할 때 미국이 중국의 인권 문제를 제기하면 중국은 구동존이를 외치면서 공동 관심사를 찾아보자고 이야기한다. 경제 협력이니 문화 교류니 많은 공통점을 이야기하다 보면 서로에 대한 특수한 상황을 이해하게 될 것이고, 결국 지금의 의견 차이는 저절로 해결될 수 있을 거라는 논리다.

원래《서경書痙》에 나오는 원문은 '구대동존소이求大同存小異'다. 대동大同은 큰 틀에서 본 상대방 생각과 내 생각이 같다. 소이小異는 조그만 관점의 차이다. "대동소이하다"라는 말이 여기서 나왔다. 크게 보면 같고, 작은 관점에서 다르니 서로 이해하자는 것이다. 협상 시 대동의 관점에서 서로를 받아들이고, 조그만 차이는 차후 하나하나 개선해나가자는 이 원칙은 중국인의 아주 오랜 전통이다.

무역이든 상담이든 중국인은 협상 테이블에 앉으면 상대가 누구든 우호적이다. 어떤 문제에서 의견 차이가 나더라도 서두르지 않는다. 우리가 반드시 짚고 넘어가자고 하면 그들은 구동존이를 외친다. 작은 의견 차이는 뒤로 미루고 같은 점을 이야기하자는 것이다. 이 원칙이 협상을 우호적으로 이끌고 쌍방의 관계를 좋게 하는 것은 분명하다.

그런데 간혹 그들이 입이 닳도록 외치는 이 원칙에 끌려가다 보면 나중에 큰 낭패를 당할 수 있다. 지금 당장은 조그만 견해차라고 생각하며 표면화하지 않지만, 결정적 순간에 지난날 접어놓았던 그 조그만 차이를 꺼내 들고 문제를 제기하는 경우가 종종 있기 때문이다. 공장을 세우기 전에는 문제도 안 된다고 강조하던 그 조그만 이견이 공장이 정상적으로 돌아가고 나서는 마치 큰 문제인 양 호들갑을 떠는 것을 보면 미리 철저하게 따지지 않았던 것을 후회하는 경우가 많다. 이런 몇 가지 충돌을 겪다 보면 결국 정상적인 공장 운영이 어렵게 되고, 최초 투자를 유치하기 위해 구동존이를 외치던 많은 고위 관리를 더는 볼 수 없게 된다.

중국인의 협상 기술을 제대로 간파하지 못하고 덤벼든 한국 측 사업가들이 중국인의 이중성을 욕하며 쓸쓸히 한국으로 발길을 돌리는 일을 주변에서 종종 본다. 구동존이는 중국인이 최초 협상에서 우호적 분위기를 만들기 위한 원칙이라는 생각을 해야 한다. 각론에 들어가면 철저하게 의견 차이를 이슈화하고 문서로 몇 번이고 꼼꼼히 살펴 남겨놓아 나중에 벌어질 수도 있는 불화에 대비해야 한다. 협상에서 대동의 우호적인 분위기에만 휩쓸려 소이를 간과하는 우를 범해서는 안 될 것이다. 한국인 중에도 대동만 외치고 각론으로 들어가면 사사건건 문제 삼는 사람들도 있다. 겉으로는 사소한 문제 따위는 대충 넘어가자고 하면서 속내는 그 조그만 차이를 잊지 않고 있는 사람을 더욱 조심해야 한다.

2 쌍관제하雙管齊下: 다발적인 전략으로 임한다

중국인과의 협상을 "중화 수프를 먹는 것"으로 곧잘 표현한다. 여기서 수프는 영어의 'soup'지만 중국어로 '쓰부'로 발음되는 사불四不, 즉 네 가지를 모르겠다는 뜻이다. 중국인과 협상하고 있으면 상대방이 도대체 무엇을 말하고 있는지, 무엇을 생각하고 있는지, 무엇을 원하는지, 무엇을 싫어하는지 모른다는 것이다.

중국인은 비즈니스 협상에서 정확한 표현과 결단을 꺼리고 다양한 선택의 카드를 가지고 나선다. 이런 중국인의 협상 태도를 쌍관제하雙管齊下라고 한다. 쌍雙은 둘이라는 뜻이고, 관管은 대나무로 만든 붓대를 뜻한다. 제齊는 동시에를 뜻하고, 하下는 붓을 휘두른다는 동사다. '두 개의 붓을 동시에 사용해 그림을 그린다'라는 의미로, 당나라 때 장조張藻라는 화가가 양손에 붓을 쥐고 그리는 독특한 화법을 구사한 데서 유래한 말이다. 그 후 이 말은 어떤 일을 시행할 때 한 가지 방면으로 전략을 펴는 것이 아니라, 이중 작전 또는 다발적 전략을 가지고 임한다는 의미로 발전했다.

"도대체 중국인은 무엇을 말하는지 모르겠다"라는 지적은 그들의 대답을 보면 잘 알 수 있다. 만약에 요청한 제안에 대해 중국인이 다음과 같이 대답했다면 그 협상은 이미 물 건너갔다고 보면 된다. 첫째는 '야오칸칸要看看'으로 좀 상황을 지켜보자는 이야기다. 둘째, '옌주옌주硏究硏究'로 연구 좀 해보자는 뜻이다. 셋째, '샹량샹량商量商量'은 생각 좀 해보자는 뜻이다. 모두 듣는 사람의 처지에서 보면 향후 가능성이 있는 대답 같지만 여간해서 '부야오不要', 즉 아니라고 대답하지 않는 중국인의 관점에서 보면 확실한 거절을 의미한다. 그런데도 잘못 착각해 마냥 기다린다면 시간만 허비하고 말 것이다. 이럴 때는 과감히 다른 카드를 꺼내서 접근해야 한다. 또 가장 착각하기 쉬운 중국인의 대답이 '메이원티沒問題'다. 우리말로 번역하면 문제없다는 뜻이다. 즉, 당신이 제안한 사항은 아무런 문제가 없다는 뜻이다. 이 대답이 나오자마자 기뻐한다면 낭패를 당할 수 있다. 이 대답을 들으면 '문제는 없지만 안 될 수도 있다'라는 생각을 함께 해야 실수하지 않는다.

중국인이 가장 확실하다고 하는 대답은 '하오화부숴디얼츠好話不說第二次'이다. "좋은 말은 두 번 다시 안 하지요!"라는 말로 더는 재론의 여지가 없다는 의미다. 이 정도 대답이 나오면 협상은 성공했다고 보면 된다. 그러나 이해가 걸려 있는 문제에 중국인이 과감하게 이런 말을 하는 것은 그리 흔치 않다. 특히 돈 문제가 걸린 사업은 여간해서 이런 대답을 듣기가 어렵다.

3 화류반구話留半句: 말하기보다는 들어라

"신이 사람에게 입 하나, 귀 두 개를 준 것은 말하는 것보다 듣는 것이 더 중요하기 때문이다"라는 말은 중국에서도 통한다. 중국인은 협상할 때 웃는 얼굴로 자리를 마련해 풍성한 술과 음식을 권하고 편하게 이야기를 나눌 분위기를 만든다. 그러나 잘 살펴보면 자신은 맞장구를 치는 경우가 많고, 상대에게서 이야기를 훌륭하게 끌어낸다. 상대의 말을 전부 듣고 자신은 그것의 반, 아니 3분의 1 정도만 말하면 충분하다고 생각하는 것이다. 이런 구도는 부모와 자식 간에, 상사와 부하 사이에서, 외교에서도 마찬가지다. 말話을 할 때 반半만 이야기하고 반半은 남겨留놓으라는 '화류반구話留半句'의 정신을 모두 당연한 듯 실행하고 있다. 유구한 역사 속에서 다른 나라와의 공방을 반복해온 중국인은 10년 지기 친구라 해도 마지막 비밀은 절대 털어놓지 않는다. 아무리 술을 많이 마셔도 정신을 잃는다는 것은 용납할 수 없는 실수라고 생각한다. 취해서 구토하는 등의 추태를 부리는 일조차 중국인은 내심 인정하지 않는다. 자신의 주량을 파악해서 술을 마셔야 한다고 생각하기 때문이다. 술에 취해 말해서는 안 될 것을 말해버리면 "술에 취했으니 그럴 수도 있지"라는 식으로 끝나지 않는다. 중국인은 아무리 취해도 '주화삼분酒話三分(술에 취해도 알고 있는 사실의 3분의 1만 말한다)'이다.

| 5 |

부하의 마음을 얻는
리더의 행동

　직원들의 충성을 얻어내기 위해 어떻게 그들을 설득할
것인가? 리더로서 고민할 수밖에 없는 문제다. 부하 직원
들을 설득해 그들의 열정을 끌어낼 수 있는 리더라면 가히
설득의 대가라고 할 수 있다. 전국시대 맹자는 "신하의 충
성은 주군이 얼마나 신하를 먼저 예우하느냐에 달려 있다"
라고 했다. 주군이 먼저 신하에게 마음을 주었을 때 신하는
목숨 걸고 충성한다는 것이다. 소리 지르고 윽박지르는 것
은 설득이 아니라 강요다. 아무리 충성을 다하라고 소리쳐
봤자 돌아오는 것은 냉소밖에 없다. 신하의 충성을 어떻게
얻어내느냐는 제나라 군주 선왕宣王의 질문에 맹자는 이렇
게 답했다.

임금이 신하 보기를 자신의 수족처럼 여긴다면君之視臣如手足
(군지시신여수족), 신하는 임금 보기를 자신의 배와 심장처럼 소
중히 여길 것입니다臣視君如腹心(신시군여복심). 그러나 임금이 신
하 보기를 개나 말처럼 생각하여 그저 녹봉이나 주면 된다고
생각하면君之視臣如犬馬(군지시신여견마), 신하는 임금을 그저 일
반 동네 사람처럼 생각할 것입니다臣視君如國人(신시군여국인). 나
아가 임금이 신하 보기를 흙이나 지푸라기처럼 하찮게 여긴다
면君之視臣如土芥(군지시신여토개), 신하는 임금을 원수처럼 생각
할 것입니다臣視君如寇讐(신시군여구수).

맹자의 대답에는 인간관계란 일방적인 수직 관계가 아
니라 주었을give 때 얻을take 수 있는 수평적 관계라는 유교
의 기본 정신이 잘 나타나 있다. 제나라 왕은 "어떻게 신하
를 예우해야 그들이 나를 위해 목숨을 던지고, 내가 죽었을
때 정말 슬픈 마음으로 상복을 입겠느냐?"고 다시 물었다.
이 질문에 맹자는 임금이 신하를 예우하는 원칙 세 가지를
다음과 같이 말했다.

1 신하가 떠날 때는 말없이 고이 보내주어라
내 밑에 있던 신하가 더 좋은 곳으로 가려고 할 때 주군
은 신하의 앞날을 위해 그를 놓아주어야 하며, 심지어 사람

을 딸려 보내 나라 밖을 무사히 나갈 때까지 인도해야 한다. 전국시대는 신하들이 주군을 선택해 이리저리 여러 나라를 다니던 비교적 열린 노사 관계가 형성된 시절이었다. 자신이 데리고 있던 신하가 더 좋은 곳으로 떠날 때 그를 놓아주는 것은 신하에 대한 최상의 예우다. 설득의 가장 큰 원칙은 상대방의 마음을 얻는 것인데, 이는 상대방이 잘되는 것을 진심으로 바랄 때 가능하다.

2 신하가 가는 곳에 미리 사람을 보내 아낌없이 칭찬하라

내가 데리고 있던 사람을 남에게 욕하거나 헐뜯는 리더는 영원히 좋은 주군으로 남을 수 없고, 유능한 부하를 다시 얻을 수도 없다. 아무리 마음이 아프더라도 부하의 앞길을 위해 좋은 말을 아끼지 않는 것이야말로 유능한 리더의 아름다운 마음이다. 내 곁을 떠나는 사람에게 악담을 퍼부으며 온갖 욕을 하고 다닌다면 그런 리더에게 설득당할 사람은 아무도 없다.

3 적어도 신하가 떠나고 3년은 돌아오기를 기다려라

3년 정도 지나 돌아오지 않으면 그제야 비로소 그에게 주었던 땅을 회수한다는 뜻이다. 부하 직원이 떠나자마자 책상을 치워버리고, 모든 관계를 바로 청산하는 요즘과 비교하면 너무나 아름다운 이야기다. 떠날 때 그의 앞날을 위해 말없이 보내주지만, 언젠가 돌아오면 반갑게 다시 맞아들일 수 있는 리더의 마음은 진정 집 떠난 자식을 기다리는 부모의 마음이다.

한편 맹자는 신하들이 원수처럼 생각하는 군주의 행동을 이렇게 묘사했다.

자신이 신하로 데리고 있을 때는 아무리 좋은 방안을 권해도 실천하지 않고, 아무리 좋은 말을 해도 듣지 않으며, 떠나려고 하면 그제야 붙잡고 늘어지고, 그래도 떠나면 신하가 갈 곳에 사람을 미리 보내 험담을 늘어놓고, 떠나는 날에는 바로 그에게 주었던 땅을 몰수하니, 바로 이런 군주를 신하들이 원수처럼 여깁니다.

진정 사람의 마음은 월급이나 보너스를 더 챙겨준다고 해서 얻어지지 않는다. 그가 정말 나를 만나 인생의 의미를 찾고, 나는 그의 앞날을 위해 진정으로 내가 할 수 있는 모든 것을 해준다면 그 부하 직원은 내 사람이 될 확률이 높다.

사람의 마음을 얻기 위해 리더는 설득과 타협을 해야 하는 경우가 많다. 조선의 세종 역시 모든 국책을 정하는 데서 신료들과 끝없이 토론하고 사후 확인하는 등 무엇 하나 일방적으로 결정하는 법이 없었다. 어떻게 부하들을 설득할 것인가? 사람들은 늘 의기소침해지고 작은 일에도 자존심에 상처를 받는다. 각자의 이기심이 작동하기 때문이다. 인간은 원래 욕심 많은 존재다. 잘난 체하고 대접받기를 원한다. 군왕은 이 같은 부하들의 의식과 부하들 간의 갈등 구조를 그때그때 제대로 파악해 조정하고 결정하며 처리하는 연속적인 작업을 게을리하지 말아야 한다. 그것도 일회성에 그치는 것이 아니라 끊임없이 해야 한다. 세종은 신하들과 백성의 마음을 얻지 못하면 스스로가 누리는 왕위도 사상누각沙上樓閣에 불과하다는 사실을 잘 알고 있었다. 신하들의 충성과 백성의 마음은 임금에 대한 인간적인 존경심과 마음으로부터 우러나는 공감이 바탕이 되어야 한다.

逆鱗之禍
역린지화

상대방의 약점을 함부로 건드리지 마라

용의 목덜미 아래에는 방향이 거꾸로 난 비늘이 하나 있는데, 이를 역린逆鱗이라 부른다. 용을 길들이는 사람에게 금기 사항은 절대 이 역린을 건드리면 안 된다는 것이다. 역린을 잘못 건드리면 온순하던 용이 바로 그 사람을 물어 죽이기 때문이다. 《한비자》에 나오는 이 이야기의 전문은 이렇다.

"용이라는 동물은 잘 길들이면 그 등에 탈 수도 있지만, 목덜미 아래에 한 자 길이 정도의 거꾸로 난 비늘인 역린을 잘못 건드리면 반드시 죽음을 당할 것이다."

세상 사람은 모두 약점을 가지고 산다. 그 약점은 모두가 잘 알고 있는 것일 수도 있고, 자신만 알고 있는 비밀일 수도 있다. 아무리 친한 사이라도 자신이 생각하는 가장 치명적인 약점을 건드리거나 떠들어대면 수치심을 넘어 분노를 느낀다. K 직원에게는 학벌이 약점일 수 있고, P 직원에게는 신체적 콤플렉스가 약점일 수 있다. 만약에 누군가 취중이든 농담이든 그들이 수치스럽게 생각하는 학벌과 외모 문제를 화제 삼아 꺼낸다면 K와 P는 자신의 약점을 떠벌린 사람에게 적개심을 표시하며 다양한 방법으로 복수하려 할 것이다. 이렇게 상대방의 약점을 함부로 건드리면 결국 큰 화를 입게 된다는 고사성어가 바로 '역린지화逆鱗之禍'다.

고객에게 물건을 파는 판매원이나 기업을 운영하는 리더가 상대방의 약점을 건드리기 좋아한다면 설득은커녕 욕만 먹을 것이다. 판매원이 물건을 팔면서 고객의 역린을 건드리면 물건 팔 생각은 버려야 한다. 자신의 약점을 건드렸는데 누가 그 물건을 사겠는가? 상사를 모시는 직원이 윗사람의 역린을 건드린다면 회사를 그만둘 각오를 해야 한다. 반대로 상사가 아랫사람의 역린을 잘못 건드리면 부하의 신뢰를 잃을 각오를 해야 할 것이다. 설득하기 위해서는 상대방이 무엇을 가장 싫어하고 꺼리는지를 정확히 알 필요가 있다. 상대방의 역린이 무엇인지를 정확히 파악하는 것이 설득과 협상의 관건이다.

사람들은 모두 역린을 가지고 있다. 평소에는 온순하고 성격 좋다는 소리를 듣는 사람도 자신의 치명적인 역린을 건드리면 완전히 태도가 돌변해 평소와는 딴사람이 되는 경우가 있다. 농담으로라도 남의 치명적 약점을 건드려서는 안 된다. 역린은 요즘으로 말하면 '치명적인 콤플렉스' 정도 될 것이다. 아무리 친해도 혹은 감정이 폭발해 도저히 제어가 안 되더라도 배우자, 고객, 친구, 사장, 직원에게는 최후의 순간까지도 건드려서는 안 될 역린이 있음을 기억해야 한다. 그 선을 넘으면 관계 회복은 쉽지 않다. 설득하기 전에 먼저 상대방의 역린이 무엇인지 알아보기를 바란다.

孫子兵法

시스템으로 승부하라

| 1 |

조직을 강하게 만드는 두 축, 리더십과 조직관리

리더는 조직을 관리하는 사람이다. 장군 역시 리더로, 전쟁에 직접 나가 싸우는 사람이 아니라 군대를 제대로 관리해 각 영역의 임무가 원활히 수행되도록 하고, 병사들의 열정과 용기를 끌어내 목표를 향해 목숨 걸고 돌격하게 하는 상황을 만드는 사람이다.

《손자병법》이 춘추전국시대의 다른 병법서와 차별되는 가장 큰 특징은 시스템에 의한 조직관리를 강조한 점이다. 귀족 시대, 즉 오직 한 사람의 주관적 판단과 결정에 따라 군대가 동원되고 공격이 감행되던 시대에 손자는 체계적 시스템으로 부대를 운영하고, 전략적 사유에 기초한 작전 수립을 강조했다. 전장에서 수십만의 병사가 서로 뒤엉켜 싸우는 광경을 상상해보면 손자의 주장이 일리가 있음을 알 수 있다. 아군끼리 싸우거나 죽이지 않게 하려면 철저한 시스템과 의사소통이 필요하다. 수십만 병사가 각자 해야 할 일을 매뉴얼화하고 권한과 책임, 역할을 조직적으로 분류해야만 전쟁을 치를 수 있다는 주장이다. 그렇지 않고 서로의 역할과 책임이 불분명하면 전쟁터에서 적군에게 죽는 병사보다 아군끼리 서로 죽이는 수가 더 많을 것이다.

《손자병법》은 군대를 철저하게 조직화하지 않으면 군마가 뒤엉키고 혼란한 상황에 빠져 결국 아군끼리 죽이는 사태가 벌어질 것이라고 말한다. 이는 요즘의 조직관리를 가리킨다. 수도修道와 보법保法은 《손자병법》의 조직관리 목표를 분명하게 말해주는 개념이다. 수도는 리더십을 배양하는 것이고, 보법은 시스템을 운영하는 것이다. '리더십'과 '체계적인 조직관리'야말로 조직을 강하게 만드는 두 축이다. 이순신 장군은 따뜻한 리더십을 발휘했고, 냉철한 군법 체계를 운영했다. 따뜻한 감성과 냉철한 이성에 의한 조직관리는 오늘날 우리가 꿈꾸는 가장 이상적인 조직의 모습이다.

《손자병법》에서 조직관리의 중요한 관점 중 하나가 병사의 능력은 조직 시스템에 의해 결정된다는 것이다. 조직이 시스템에 의해 제대로 운영 및 관리되면 병사들의 능력은 향상될 수밖에 없다. 이를 기반으로 생각하면 겁쟁이 병사는 겁쟁이가 될 수밖에 없는 형편없는 조직 분위기를 만든 무능한 리더가 있으므로 존재한다. 《손자병법》에서 말하는 가장 못난 장군은 조직의 문제점을 부하들에게 돌리는 사람이다. 전쟁에서 패하고 나서 "병사들이 경험도 없고 용기도 없어서 이번 전쟁은 질 수밖에 없었다"라고 변명하는 장군은 무능함의 극치라는 것이다. 이 논리대로라면 부서가 안 되는 이유를 매번 직원들에게 돌리는 부서장 역시 유능한 관리자가 아니다. "직원들이 모두 어리고 경험도 없는 신입 사원뿐이다. 학벌 좋고 똑똑한 직원만 보내주면 우리 팀이 잘될 수 있다"라고 투덜대는 관리자는 유능한 직원들로 구성된 팀을 맡아도 똑같은 결과를 내고 같은 변명을 늘어놓을 것이다. "명필은 붓을 가리지 않는다"라는 속담처럼 위대한 리더는 결코 부하들의 능력 없음을 탓하지 않는다. 그들이 누구이든 간에 조직의 승패 원인을 그들에게서 찾지 않는다. 《손자병법》에서는 유능한 관리자를 이렇게 말하고 있다.

"전쟁을 잘하는 유능한 장군은善戰者(선전자) 군대의 성공을 세勢에서 구하지求之於勢(구지어세), 개인의 능력을 탓하지 않는다不責於人(불책어인)."

선전善戰은 전쟁을 잘하는 장군이다. 유능한 장군은 정

말 일할 맛 나는 팀 분위기를 만든다. 그 신바람 나는 조직 관리의 분위기가 세勢이다.《손자병법》에서 강조하는 세는 기세가 등등하고 활발한 조직 모습이다. 조직이 제대로 가동되면 어떤 직원이 들어와도 유능한 직원으로 변모하는 반면, 제대로 관리되지 않은 조직은 어떤 유능한 직원이 들어와도 능력을 제대로 발휘할 수 없다.《손자병법》의 이 메시지는 직원 개인의 능력보다는 조직관리가 직원의 능력을 얼마든지 바꿀 수 있음을 의미한다.

대나무를 처음 쪼갤 때는 힘들지만, 일단 쪼개기 시작하면 대나무 전체를 힘차게 가르는 힘이 된다. 일명 파죽지세破竹之勢(적을 거침없이 물리치고 쳐들어가는 기세)가 완성되는 것이다. 리더가 처음 조직의 기세氣勢를 만드는 것이 힘들지, 일단 세가 만들어지면 그 힘은 천 길 낭떠러지에서 힘차게 떨어지는 물처럼 계곡을 휩쓰는 막강한 힘을 얻는다. "전쟁터에서 장군의 공격 명령이 떨어졌을 때 목숨 걸고 공격하는 병사가 되느냐, 아니면 뒤로 물러나는 겁쟁이 병사가 되느냐는 병사의 개인 능력보다는 부대의 세에 달려 있다勇怯勢也(용겁세야)." 이 말은 개인의 능력에 앞서 조직의 체계적인 관리가 더 중요함을 말해준다.

우리나라 기업은 대체로 사주나 경영자같이 소수의 핵심 인물을 중심으로 한 집권적 조직 구조와 직무 체계가 형성되어 있다. 또한 일방적 의사 전달, 상하 간의 권위적 권한 관계, 연공과 인화 중심의 인사 관리가 일반적이다. 반면 세계적으로 우수한 기업들은 인력 자원을 중시해 직원 개개인의 적극적인 참여와 자발적인 동기를 부여한다. 또한 직원들의 노력 개발과 경영 참여 등을 유도해 기업의 성장에 동참시킴으로써 생산성을 향상시키는 데 노력하고 있다. 기업이 기업 환경을 제대로 갖춰 조직을 관리해나간다면 직원들은 자신의 모든 열정과 노력을 기업 발전에 바칠 것이 자명하다.

2

역할과 책임이 명확한
시스템을 갖춰라

전쟁은 한 편의 드라마다. 전략이 있고 승패가 갑자기 뒤바뀌는 극적 반전이 있다. 이 드라마의 주인공은 장군이며, 장군은 개인의 역할과 책임을 철저히 분담하는 시스템을 갖추고 관리해야 그 조직이 유기적으로 움직인다. 《손자병법》에는 승리하기 위해 "얼마나 많은 병력과 권한과 책임을 줄지, 또한 얼마나 많은 무기를 공급해야 하는지를 정확히 파악하고 운영할 줄 아는 장군이 승리한다識衆寡之用者勝(식중과지용자승)"라고 말한다. 바로 조직의 시스템적 운영과 관리를 일컫는다.

손자가 살던 시대에는 영웅주의에서 시스템 주의로 넘어가던 과도기였다. 과거의 영웅주의적 조직 운영을 고집하던 나라도 있었고, 새로운 시스템으로 조직을 운영하려던 나라도 있었다. 그중 손자보다 몇백 년 늦게 활동한 법가의 지식인 한비는 시스템에 의한 국가 운영을 주장한 사람이었다. 그는 《한비자》에서 조직의 시스템을 파괴하는 폐해에 대해 '월관지화越官之禍'의 예를 들며 다음과 같이 강조하고 있다.

한나라에 소후昭侯라는 임금이 있었다. 어느 날 술에 취해 잠이 들었는데 그 옆에서 시중을 들던 전관典冠(임금의 모자를 담당하는 관리)이 옷도 제대로 갖추지 않고 잠든 임금을 보게 되었다. 그는 자신이 모시는 임금이 추위에 몸이 상할까 걱정되어 옷을 임금에게 덮어주었다.

술에서 깨어 일어난 소후는 누군가 자신에게 옷을 덮어주었음을 기쁘게 생각해 신하들에게 누가 이 옷을 덮어주었냐고 물었다. 이에 신하들은 전관이 국왕을 염려해 덮어주었다고 보고했다. 이 말을 들은 소후는 잠시 생각하더니 전관과 전의典衣(임금의 옷을 맡은 관리)를 모두 불러오라고 했다. 전의는 자신의 책무를 저버렸다고 두려움에 떨었고, 전관은 자신이 한 일에 대해 기쁜 마음으로 임금에게 나아갔다. 그러나 뜻밖에도 소후는 전의와 전관 모두를 벌주라고 명령했다. 모두 이상하게 생각했는데 임금의 논리는 이러했다. 전의는 임금의 옷을 맡아 담당하는 관리로서 자신의 임무를 소홀히 했기 때문에 당연히 벌을 준 것이고, 전관은 자신의 임무를 벗어나 월권했기 때문에 벌을 준 것이었다. 임금 자신이 추위를 꺼리지 않은 것은 아니지만, 자신의 맡은 임무가 아닌 다른 일에 간섭하는 폐해가 추위의 해보다 더 크다고 생각했다.

한비는 이야기를 끝내면서 이렇게 말한다. "현명한 지도자는 자기 신하를 다스릴 때 신하가 자신의 임무를 벗어나 다른 사람의 임무로 공을 세우게 하지 않는다. 또한 어떤 것이든 신하가 군주에게 한번 말했으면 그 말을 실천하지 않으면 안 된다. 자신의 임무를 벗어나서 월관越官하면 벌을 받아 죽음을 당할 것이며, 말한 것을 실천하지 않아도 벌을 받아 죽음을 당할 것이다. 이렇게 모든 신하가 자신의 맡은 바 임무를 수행하고, 자신들이 말한 것을 실천에 옮긴다면 신하들이 붕당朋黨을 지어 서로 편싸움하지 않을 것이다."

월관이 가능한 나라, 시스템이 무시되는 조직은 결국 무너지고 만다. 당장은 괜찮아도 오래가지 못한다. 한비의 이런 시스템 정치철학을 진秦나라에서 받아들였고, 진나라는 비록 역사가 짧고 물자도 부족했지만, 불확실성의 시대에 최후 승자로 남을 수 있었다.

병법으로 유명한 사마양저司馬穰苴 장군의 일화 역시 시스템에 의한 조직관리의 중요성을 잘 보여준다. 사마천의 《사기》에 나오는 사마양저는 제나라의 유능한 장군이었다.

제나라 경공을 모시며 참모로서 최선을 다하던 사마양저는 진나라와 연나라가 연합해 침략해오자 대장군에 임명되어 전쟁의 책임자로 군대를 이끌고 출정하게 되었다. 국왕은 그가 총애하는 신하 장가莊賈를 감군監軍으로 임명했다. 감군은 왕을 대신해 군대를 감찰하는 직책이었다. 직책은 대장군인 사마양저보다 낮았지만, 국왕을 대신하는 실세 중 실세였다.

실세라면 자신을 더욱 낮추는 것이 몸을 보존하는 길이었지만, 장가는 그 이치를 깨닫지 못했다. 양저는 군문軍門에서 출정을 위해 장가와 만나기로 약속했다. 그러나 장가는 실세 티를 내며 약속 시간이 훨씬 지난 저녁때가 되어서야 나타났다. 양저는 장가를 꾸짖고 군율을 어긴 죄를 들어 목을 베어버렸다. 실세를 다치게 하면 해가 될 것이라는 부장副將들의 만류도 뿌리치고 칼을 댄 것이었다. 그리고 이렇게 외쳤다.

"군주의 명령도 때로는 받아들이지 못할 때가 있는 것이다君命有所不受(군명유소불수)."

이 모습을 본 병사와 장군들은 사마 장군의 용기와 조직 운영 원칙에 감동했고, 사기는 충전됐다. 그리고 전쟁에 나가 전승을 거두며 승리한 장군이 되어 귀국했다.

현장에서 조직의 운명을 책임진 장군은 병사들의 생명과 나라의 안위를 결정하는 사람이다. 장군이 잠깐 인정 주의에 빠져 군율을 흐트러뜨리면 전쟁에서 승리는커녕 조직의 운영조차 힘들어진다. 아무리 실세라 하더라도 조직 시스템을 어긴 자를 가만두었다면 누구도 사마 장군의 엄격한 명령을 들으려 하지 않았을 것이다. 개인의 안위보다 시스템을 구동시켜 결국 사마 장군의 군대는 연나라·진나라 연합군과 싸워 대승을 거두었다.

조직관리의 큰 축 중 하나가 바로 시스템이다. 원칙과 규율이 인정과 연줄보다 더 큰 힘을 발휘한다면 그 조직의 앞날은 밝다. 아무리 사장이라도 조직과 시스템을 뒤로하고 마음대로 횡행한다면 그 회사가 살아남을 리 없다. 조직은 살아 있는 유기체이며 시스템을 먹고산다.

손자가 살던 시대의 고민은 '변화의 시대에 누가 먼저 적응할 것인가?'였다. 적응이 빠른 만큼 국가 생존력이 높아진다는 것은 지도자(제후)도 알고 있었다. 문제는 '누가 먼저 고대적 사유에서 벗어나는가?'였다. 그중 가장 힘든 것이 인정 주의에서 벗어나는 일이었다. 귀족들은 자신의 권한을 포기하지 않고 특권층으로 대접받기를 원했으며, 개혁에 대한 저항은 거셌다. 아무리 좋은 시스템을 갖추어도 이들은 구속되기를 거부했고, 그들만의 나라를 유지하려고 했다. 결국 그들의 나라는 차례차례 멸망했으며, 그들의 특권도 함께 사라지고 말았다. 그리고 새로운 시스템으로 정비한 진나라만이 살아남았다. 진시황제의 강력한 리더십에 시스템을 숭상하는 관료들이 모여들었으며, 그들의 합리성은 진나라를 마지막 승자로 만들었다.

최고는 아무나 되는 것이 아니다. 조직의 발전을 위해 자기 오른팔을 벨 줄 아는 자만이 최고가 될 자격이 있다.

| **3** |

리더의 꿈,
모두가 함께 이기는 전승

리더는 직원들의 열정을 끌어내기 위해 조직을 상생의 분위기로 만드는 것이 중요하다. 장군이 오로지 승리만 강조하며 병사들을 다그친다고 해서 병사들이 목숨 걸고 돌격하지는 않는다. 백 번 싸워 백 번 모두 이기는 것이 중요한 것이 아니다. 어떻게 하면 우리 모두 상생하는 조직을 만들 것인가를 고민하지 않고는 조직이 제대로 운영되지 않을 것이다.

《손자병법》하면 제일 먼저 떠오르는 것이 '지피지기 백전불태知彼知己 百戰不殆', 즉 적을 알고 나를 알면 백 번 싸워도 모두 위태롭지 않다는 말이다. 흔히 '지피지기 백전백승'으로 알고 있지만《손자병법》어디에도 이런 문장은 없다. 현실적으로 백 번 싸워서 백 번 모두 이긴다는 것은 불가능하다. 또한 오로지 백전백승의 목표만 강조해 돌격 명령을 내리고 병사들의 목숨에 대해 고민하지 않는 장군이라면 진정한 백전백승하는 조직이 되지 못할 것이다. 백전불태가 백전백승보다 훨씬 현실적인 생각이다. 손자의 눈으로 보았을 때 전쟁의 목표는 싸워서 이기는 데 있지 않았다. 내가 이끄는 조직과 조직원들이 위기에 빠지지 않고 상처 나지 않는 것이 리더의 가장 중요한 목표다. 승부에 집착해 나와 내 조직에 큰 상처를 입히고 얻은 승리라면 바람직한 승리가 아니다.

상처뿐인 승리는 실제로 조직에 어떤 도움도 주지 못한다. 얼굴은 상처가 나서 피가 흐르고, 내가 아끼는 직원들은 자리를 잃고 방황하는데 승리가 무슨 의미란 말인가? 사회적으로 성공했다 해도 가족의 마음은 모두 떠났고, 친구와 형제들이 저 멀리 떠나버린 후라면 진정한 성공이라 할 수 없다. 승리보다 더 중요한 것은 조직의 안전과 평안이다. 승부욕과 명예에 집착해 진정 중요한 것을 잃어버리는 우를 범해서는 안 된다는 것이 손자의 생각이다. 그의 이런 생각에는 휴머니즘이 있다. 승리보다 앞서 사람을 더욱 소중히 여기는 인간 중심의 조직 경영 철학이다.

손자의 부전不戰 사상은 상대방과 내가 모두 상처 나지

않고 이기는 상생의 꿈을 담은 전승全勝 사상으로 발전한다. 가장 아름다운 승리는 상대편과 내가 함께 승리하는 것이다. 상대방과 내가 모두 안 다치고 온전하게全 이기는 승리勝는 모든 리더가 꿈꾸는 아름다운 승리다. 전全은 완전함이다. 전승을 목표로 하는 조직은 철학과 따뜻함이 있다. 이기되 상처 주지 않는 승리, 승리하되 내 주변이 다치지 않는 승리, 이런 승리가 전승의 원리다. 손자는 전승에 대해 다음과 같이 말했다.

장군이 군대를 운영하는 원칙은凡用兵之法(범용병지법) 적의 나라를 온전히 하고 이기는 것이 최상이고全國爲上(전국위상), 적국을 공격해 무너뜨리고 부수어 이기는 것은 차선이다破國次之(파국차지). 적의 군대를 온전히 하고 이기는 것이 최상이고全軍爲上(전군위상), 적군을 공격해 무너뜨리고 부수어 이기는 것은 차선이다破軍次之(파군차지).

전쟁의 목표는 분명한 승리다. 그러나 적과 내가 모두 다 망가지고 이긴 승리는 의미가 적다. 상대방을 완전히 부숴놓고 군림해 이기는 승리는 오래가지 못한다. 상대방의 자존심에 상처를 내고 이기는 승리는 아름다운 승리가 아니며, 내 주변을 망쳐놓고 이긴 승리도 진정한 승리가 아니다. 이러한 승리는 일시적인 기쁨은 줄지 모르지만, 영원한 승리로 인정받지는 못한다. 승리한 자나 패배한 자 모두 최소한의 피해로 갈등을 해결할 수 있으면 가장 아름다운 승리가 될 것이다. 승리란 상대방의 눈물을 내가 보고자 하는 것이 아니며, 상대방의 분노를 내가 얻고자 함이 아니기 때문이다. 내가 얻고자 하는 것은 오직 우리 조직의 안전과 평안함이다. 승리는 목적이 아니라 수단이다. 어쩔 수 없이 존재하는 갈등을 효과적으로 해소하고, 진 사람이나 이긴 사람이 모두 온전할 수 있는 전승 사상이야말로 현재를 살아가는 우리가 배워야 할 가장 아름다운 조직관리의 지혜다. 전승의 목표를 추구하고 상생의 가치를 이루어나간다면 조직은 제대로 관리될 것이다.

갈등과 충돌은 피할 수 없는 숙명이다. 인간이 무리를 이루어 살아가는 한 충돌은 끊임없이 계속될 것이다. 중요한 것은 어떻게 지혜롭게 승리하는가이다. 싸우지 않고 이기는 부전이승不戰而勝 사상이나 상대방과 내가 함께 이기는 전승 사상은 어쩌면 영원한 이상일지도 모른다. 그러나 이런 꿈을 잃지 않고 살아가는 사람과 조직은 언제나 아름답다.

현대인은 탐욕스러운 승부욕에 사로잡혀 하루하루를 즉흥과 파괴, 도발과 분노로 연명하며 왜 승리해야 하는지도 모르고 불나방처럼 불꽃의 유혹에 자신을 내던지고 있다. 불꽃은 화려한 만큼 자기 몸을 담보로 요구한다. 성공과 승리는 목표가 아니라 수단이라는 것이 손자가 우리에게 주는 메시지다.

| 4 |

정확한 의사소통으로
이목을 집중시켜라

수십만 명의 병사와 군마가 뒤엉켜 싸우는 전쟁터. 병사들의 생사가 순식간에 엇갈리고 한 번의 승패로 나라의 흥망이 결정되는 절체절명의 순간에 어둠 속에서 아군의 칼에 맞아 쓰러지는 병사가 있다면 정말 슬픈 일이다. 이런 일이 비단 전쟁터에서만 일어나랴! 처절한 생존 경쟁을 벌이는 기업체 안에서도 경쟁 기업과의 싸움이 아닌 내부의 의견 차이로 갈등과 불화가 야기되어 조직원 간에 반목이 생기고, 결국에는 조직 기반이 무너지는 일이 있다. 이를 두고 《손자병법》에서는 의사소통의 부재가 원인이라고 지적한다. 의사소통이 원활하지 않은 조직관리는 조직을 최악의 상황으로 몰고 간다. 장군의 의도가 병사들에게 정확히 전달되어 공격과 후퇴의 기동이 일사불란하게 움직이고, 병사들 간에 의사 전달이 원활하면 그런 비참한 일은 벌어지지 않고 효과적인 조직 운영을 할 수 있다는 이야기다.

그렇다면 어떻게 병사들의 눈과 귀를 하나로 모으고, 의사소통을 원활하게 할 수 있을까? 손자는 먼저 야전에서 초보적 수단으로 청각을 통한 의사소통을 제시한다. "전쟁터에서는 말이 서로 들리지 않는다言不相聞(언불상문). 따라서 북과 징 같은 도구를 사용해 병사들의 눈을 일치시켜야 한다故爲鼓金(고위고금)." 북은 공격할 때 사용하고 징은 후퇴를 명령할 때 주로 사용하는 의사소통 수단이다. 공격과 후퇴의 의사소통이 원활하지 않은 군대는 제대로 작전을 진행할 수 없다.

손자는 시각적인 의사소통 수단 또한 제시하고 있다. "전쟁터에서는 눈으로 봐도 잘 보이지 않는다視不相見(시불상견). 그러므로 다양한 신호용 깃발을 통해 시각적 의사소통을 해야 한다故爲旌旗(고위정기)." 결국 혼란한 전쟁터에서 병사들의 시각과 청각을 포함한 모든 감각을 최대한 이용해 의사소통해야 한다는 것이 손자의 생각이다. 손자는 의사소통 목표를 모든 병사의 이목을 하나로 일치시키는 것이라고 말한다.

손자의 생각은 당시 사회의 군사적 변화를 반영하고 있

다. 손자가 활동하던 춘추시대 말기는 이미 군사의 수가 전보다 대규모로 늘어난 때였다. 상황이 바뀌면 전술도 바뀌는 법. 대규모 병력을 통솔해야 하는 손자 시대에는 이전보다 좀 더 체계적이고 세부적인 의사소통을 위한 명령 체계가 필요했다.

인원이 적은 중소기업을 운영하는 사장은 의사소통 방법으로 직원들과 밥을 같이 먹고 회식도 자주 하면서 인정과 마음을 나누는 것이 가능하다. 그러나 기업 규모가 커져 인원이 많아지면 더는 인정 주의에 기대서는 원활한 의사소통을 할 수 없다. 직급에 따른 정확한 매뉴얼을 만들고, 책임과 권한의 범위를 명확하게 해 조직에 불필요한 갈등 유발 요소를 미리 제거해야 한다. 이것이 새로운 시대의 의사소통 방법론이다.

손자는 정확한 의사소통이야말로 평균적 힘을 내는 원천이며, 원활한 조직 운영의 시스템이라고 보았다. "병사들이 신호에 따라 일사불란하게 움직이면 아무리 용감한 자라도 제멋대로 돌격하지 않고, 아무리 겁 많은 자라도 멋대로 도망가지 않는다. 이것이 대규모 병력을 운영하는 원칙이다." 장군의 명령을 제대로 따르지 않는다는 관점에서 보면 용감한 병사가 무조건 돌격하는 것이나 겁쟁이 병사가 후퇴하는 것이나 모두 같다. 이와 관련된 이야기가 있다.

손자가 살던 시대 위나라에 오기 장군이 있었다. 당시 위나라와 진나라는 전쟁을 앞두고 양 진영이 일촉즉발의 팽팽한 긴장 상태로 대치하고 있었다. 그런데 오기 장군의 공격 명령이 떨어지기도 전에 한 병사가 자신의 용맹을 주체하지 못하고 혼자 뛰쳐나가 적진을 공격해 두 명의 머리를 베어 돌아왔다. 모두 그 용감한 병사에게 상을 줄 것으로 생각하고 있었다. 그러나 예상과 달리 오기는 "군법에 공격해야 할 때 공격하지 않고, 후퇴해야 할 때 후퇴하지 않으면 참수하라는 법이 있다. 저 병사는 군령을 어겼으니 참수하라!" 하면서 그의 목을 베어버렸다. 오기 장군은 그 병사로 인해 의사소통 체계가 무너질 것을 염려해 그런 결정을 내린 것이었다. 멋대로 군법을 어긴 병사에게 상을 주면 이제 장군의 명령은 더 이상 조직에 먹히지 않을 것이 자명했기 때문이다.

조직에서는 제멋대로 하는 실적 좋은 스타 사원 한 명보다 모든 직원이 평균적인 힘을 내는 조직을 만드는 것이 중요하다. 스타 한 명에게 의존했을 때를 생각해보라. 그 스타가 빠지면 조직이 급속히 붕괴하지 않겠는가! 직원의 심리와 조직의 특성을 분석해 가장 적절한 의사소통 방법을 만드는 일은 조직의 전력을 높이기 위해 무엇보다 시급히 고민해야 할 문제다.

의사소통을 통한 조직관리를 중요시한 인물로 세종을 들 수 있다. 사람을 선발하고 발탁한 뒤에는 관리를 잘하는 것이 무엇보다 중요한데, 세종은 보석을 뽑아놓은들 그들에게 화초처럼 물을 주고 관심을 쏟지 않으면 길거리의 돌만도 못해진다는 사실을 잘 알고 있었다. 부하들은 끊임없이 관심을 가지고 돌봐야 하는 존재다. 이는 사후 관리를 의미하는데, 세종의 사후 관리는 꾸준히 조직력을 점검함으로써 이루어졌다.

광대한 제국은 작은 행정 부서의 운영과 일의 진행에서 출발한다. 거대한 프로젝트가 완수되기 위해서는 작은 단위 조직이 모여서 진행되어야 하는데, 단일 목표 아래 사람을 묶는 것이 중요했다. 많은 경우 공동 작업이 필수적이었다. 이에 수시로 77개 지침을 칙서로 내려보냈다. 물론 칙서만 내려간다고 일이 모두 끝나는 것은 아니었다. 현과 고을 단위의 구성원들은 세종의 지침과 칙서를 금방 잊어버렸다. 나중에 딴소리하며 엉뚱한 결론을 도출해 자신들 나름대로 일을 했다. 그들을 야단치고 벌을 준다고 해결되는 일도 아니었다. 고민 끝에 세종은 단위 조직의 그들과 지속적인 의사소통을 통해 장래의 계획을 공유해나갔다.

세종이 지닌 장점 중 하나는 이러한 반복적인 의사소통을 끊임없이 지속했다는 것이다. 상급 관청과 하급 관청이

점검과 잔소리에 지쳐 귀찮아서라도 일을 이행하게 만드는 것이 임금이 해야 할 일이다. 이렇게 지칠 줄 모르고 끊임없이 일을 독려하는 능력도 임금의 중요한 덕목이었다. 부하들의 보이지 않는 목소리를 듣기 위해 공식적인 채널을 통하기도 하지만, 내부 보고자들의 은밀한 비공식 보고에도 귀를 기울였다. 세종이야말로 사람들의 특징을 가장 잘 파악한 인물이라 하겠다. 그는 항상 "자신감을 가져라. 연구하고 창의적으로 생각하라. 큰일을 수행하는 것을 겁내지 마라. 다양하게 경험해보라" 하고 권유했다.

세종은 우리 모두를 합친 것보다 현명한 사람은 없다며 토론·논쟁·협동심에 대해서도 강조했다. 그는 동방의 작은 나라가 중국보다 더욱 강해지고 뛰어날 수 있다는 확신을 갖고 있었다. 훌륭한 인재를 육성하면 어떤 큰일이 닥치더라도 해결해나갈 수 있다며, 일 자체에 매달리기보다는 인재를 양성하는 것이 더욱 중요하다고 여겼다. 그래야 지상 어디에서도 부끄럽지 않은 강한 나라로 탈바꿈할 수 있다는 점을 세종만큼 잘 아는 임금은 없었다.

| 5 |

한번 맡겼으면
일단 믿고 기다려라

한나라 리더인 유방劉邦은 초나라 항우에 비하면 모든 면에서 상대가 안 되는 인물이었다. 그러나 역사는 농민 출신의 일자무식이던 유방의 손을 들어주었다. 모든 면에서 우세하던 항우는 자신이 가진 모든 약점을 극복하고 우뚝 선 유방에게 두 손을 들어야 했다. 황제 자리에 오른 유방은 개국 공신을 위한 연회에서 모든 면에서 열세였던 자신이 최후의 승자가 된 이유를 이렇게 말했다.

"내가 항우보다 유일하게 뛰어난 점이 있다면 그것은 사람을 제대로 뽑아 현장을 맡기고 기다릴 줄 아는 능력이다. 내 능력으로는 몇만의 군사도 통제하기가 버겁지만, 한신韓信 같은 장군을 뽑아 그에게 100만 대군을 맡겨 백전백승의 군대를 보유하게 되었고, 지모智謀는 부족하나 장량張良 같은 책사를 찾아내 그에게 모든 작전을 맡겨 귀신같은 전략을 세울 수 있었다. 지도력은 부족하나 소하蕭荷 같은 재상을 발굴해 그에게 내정과 군수물자 관리를 맡겨 적시에 군량미를 조달할 수 있는 보급 체계를 구축했다. 이것이 항우가 아닌 내가 황제가 될 수 있었던 이유다."

군주가 오너라면 장군은 오너를 대신해 전쟁 프로젝트를 진행하는 전문 경영인이다. 《손자병법》에서는 특히 이 부분, 즉 오너와 경영인의 관계를 명확히 하고 있다. 오너는 자신을 대신해 초빙한 능력 있는 경영인이 이익을 남겨주기를 원한다. 전쟁에 필요한 군수물자, 병사, 무기 등을 투자한 군주 입장에서 보면 전쟁에서 패하면 큰 손해를 감수해야 한다. 따라서 전방에서 병권을 받아 지휘하는 장군의 작전과 현장 상황에 관심을 가질 수밖에 없고, 그 관심은 종종 각종 간섭과 규제로 이어진다. 그러나 이런 간섭은 현장 상황을 잘 알고 있는 장군의 활동을 제약하고, 작전에 나쁜 영향을 미치기도 한다. 심하면 후방의 군주를 중심으로 한 투자자들과 전방의 장군들 간에 갈등이 깊어져 적군과 제대로 싸우기도 전에 내부 갈등으로 전쟁에 패배하는 일도 발생한다.

역사적으로 내부의 불화 때문에 나라가 망한 경우가 많

은 것을 보면 결국 적은 내부에 있다는 것이 분명하다. 그
래서 《손자병법》에서는 후방의 오너인 군주와 전방의 현
장 책임자인 장군 간의 화합과 내부 결속력을 무엇보다 중
요하게 생각한다.

"장군은夫將者(부장자) 나라를 유지하는 버팀목이다國之輔
也(국지보야). 군주와 장군의 관계가 친밀하면 그 나라는 반
드시 강해지지만輔周則國必强(보주즉국필강), 군주와 장군의 관
계가 소원해 틈이 생기면 반드시 그 나라는 약해진다輔隙則
國必弱(보극즉국필약)."

보輔는 덧방나무이다. 덧방나무는 수레의 바큇살이 힘을
받을 수 있도록 수레의 양쪽 가장자리에 덧대는 틀이다. 장
군은 수많은 병력의 구심점이 되어 조직의 생존을 결정하
는 직책이다. 이런 현장 책임자와 그를 보낸 군주 사이에는
빈틈이 있어서는 안 된다. 주周는 아주 친밀한 관계를 유지
하는 것이고, 극隙은 틈이 생기는 것이다. 맡긴 자와 맡은
자의 관계가 주밀周密한가, 아니면 틈이 생겼는가는 조직이
강해지거나 약화하는 가장 중요한 요소이다.

전방 현장에 대한 정확한 상황 인식 없이 후방에서 군주
와 주변 신하들이 탁상공론을 벌이고 있는 문제점을 손자
는 정확히 알고 있었다. 군주의 지나친 간섭은 전방 부대에
부담이 되어 원활한 임무를 수행하지 못하게 만든다고 지

적하면서 군주의 간섭을 다음 세 가지 유형으로 나누었다.

■ 작전 권한에 대한 간섭

후방에서 현장 상황을 모르고 진격해서는 안 되는 상황에 진격하라고 하거나, 후퇴해서는 안 되는 상황에 후퇴하라고 명령하는 것이다. 이런 군주는 자신이 보낸 군대의 코를 꿰고 있는 것이다. '공격과 후퇴의 작전 권한'은 전방 장군의 고유한 임무다. 군주가 후방에서 감정을 이기지 못하고 공격과 후퇴를 결정한다면 자유롭게 전술을 세워 효과적으로 부대를 운영하는 일이 불가능하다. 군대의 작전은 요즘으로 말하면 영업 전략이다. 영업 전략을 세울 때는 현장 상황을 가장 잘 아는 영업 일선 조직의 의견을 존중해야 한다. 본사에서는 큰 전략을 수립하고 기획하지만, 현장에서 발로 뛰는 현장 조직의 결정을 무시해서는 성공하는 기업으로 살아남을 수 없다.

② 행정에 대한 간섭

출정한 군대의 행정에 대해 정확히 알지 못하면서 후방에서 관여하려는 군자다. 이런 경우 전방 장군들이 반발을 일으킬 것이다. 요즘 기업에 빗대면, 사장이나 본부의 임원이 현장 사정을 모른다면 현장의 행정에 관여하지 말아야 한다. 현장에는 책임자가 있다. 그들이 소신 있게 자기 조직을 끌고 갈 기회를 주어야 한다.

3 인사에 대한 간섭

현지 상황도 모르면서 인사 행정에 끼어들어 좌지우지하는 군주는 나라를 망친다. 인사권은 재정권과 함께 조직을 장악하는 두 축 중 하나다. 따라서 오너라면 그 권한을 유지하고 싶을 것이다. 그러나 시시콜콜한 하부 조직의 인사까지 간섭해 자신의 권한을 유지하려 하기보다는 자신을 대신해 공평하게 인사 처리를 할 관리자를 잘 선택해 맡기는 것이 더 큰 리더의 모습이다.

군주가 장군을 선발하고 그에게 병권을 주었다면 믿고 기다릴 줄 알아야 한다. 큰 지도자는 시시콜콜 업무에 간섭하는 것이 아니라, 그것을 능력 있게 처리할 수 있는 관리자를 뽑고 적절한 권한을 부여해 조직이 원활하게 돌아가도록 시스템을 만드는 사람이다.

지금의 삼성은 1938년 대구 수동에 있는 작은 점포에서 시작했다. '삼성상회'는 대구에서 생산하는 청과류와 동해의 건어물 등을 중국·일본·동남아시아 등지로 수출하는 한편, 제분기와 제면기를 설치해 제분·제면업도 함께했다.

대부분 중요한 업무는 사장이 직접 처리했다. 그러나 개업한 지 약 1개월 후 이순근을 지배인으로 맞이해 은행의 거액 융자나 대량의 자재 구매, 수주 등 극히 일부분을 제외하고는 어음 발행이나 인감 관리에 이르기까지 경상적인 모든 업무를 위임했다. 《명심보감明心寶鑑》에 나오는 "사람이 의심나면 등용해 쓰지 말고疑人莫用(의인막용), 일단 등용했으면 의심하거나 회의하지 말라用人勿疑(용인물의)"라는 용인用人 철학을 처음부터 실천한 것이다.

《도덕경》에서 자주 등장하는 무위의 리더십도 노자가 당시 지도자에게 간섭을 최소화해 조직관리를 해야 한다는 메시지였다. "군주들이여, 당신들이 직접 나서서 간섭하지 마라. 각자 맡은 관직에 적당한 인재를 배치해 그들에게 일임하라. 그러면 모든 일은 잘될 것이다." 이것이 무위의 리더십이다. 무위는 '어떤 액션도 취하지 마라'는 소극적인 방법론이 아니라 '일단 맡겼으면 자율성을 주고 기다려야 한다'는 적극적인 리더십이다. 사실 직접 간섭하는 것과 간섭하지 않고 기다리는 것 중 후자가 더 힘들다. 누구든 권력을 행사하고 싶고, 나서고 싶고, 간섭하고 싶은 것이 인지상정이기 때문이다.

《도덕경》 제26장에 '불리치중不離輜重'이라는 구절이 나온다. 치중輜重은 군주가 타고 다니는 천으로 가려져 있는

밀폐된 수레다. 불리不離는 그곳을 떠나지 말라는 뜻이다.
군주는 온종일 길을 가거나 전쟁터에 나가도 수레에서 벗
어나 여기저기 간섭하고 다니면 안 된다. 만일 수레에서 나
와 이리저리 간섭하고 다니면 군주의 카리스마에 손상이
가고 모든 사람에게 생각을 간파당한다. 군주가 조용히 자
신의 자리를 지키고 있을 때 모든 장병은 군주를 두려워하
고 복종한다. 정말 조직원에게 존경받고 권위 있는 리더가
되려면 말을 많이 하면 안 되고, 자주 나타나서도 안 된다.
한번 위임했으면 끝까지 믿고 맡겨야 한다. 오너가 힘을 실
어주지 않는 관리자에게는 어떤 병사도 따르지 않는다.

이런 자율성에 기초한 노자의 조직관리 이론을 '조용한
리더십'이라고 일컫는다. 관리는 간섭이 아니라 자율이다.
말하지 않고도 조직이 운영되고, 강요하지 않고도 구성원
들이 자신의 역할을 해낸다면 환상의 조직관리라 할 것이
다. 사람의 능력을 정확히 읽어내고 그 능력에 걸맞은 자리
를 맡겼으면 믿어야 한다. 일을 맡겨놓고 참견하고 간섭하
는 모습을 보여준다면 그 리더를 따를 사람은 없다. 손자는
"한번 맡겼으면 믿어라!"라는 말을 끝내면서 현장에서 간
섭함으로써 생기는 피해를 이렇게 말했다.

"전방 현장에 있는 군대가 후방에 대해 의혹과 회의를
가지면三軍旣惑且疑(삼군기혹차의), 이웃 나라 제후들이 이 틈

을 타 공격해올 것이니 諸侯之難至矣(제후지난지의), 이것은 군
주가 자신의 군대를 혼란에 빠뜨리고 적에게 승리를 안겨
주는 우를 범하는 일이다 是謂亂軍引勝(시위난군인승)."

　한번 임명한 사람을 믿고 기다리는 효과는 더디지만, 그
과정은 아름답고 결과는 너무나 크다. 내가 임명한 장군과
사람들을 믿고 기다리는 리더가 있는 조직은 무한한 가능
성이 열려 있다. 한번 맡겼으면 믿어라! 의심나면 아예 쓰
지를 마라! 고전에서 말하는 용병의 원칙이다.

越 俎 代 庖
월조대포

반시스템적 행위에 대한 경고

어떤 조직이든 구성원에게는 역할과 책임이 있다. 그것이 보기에 하찮은 일이든 중요한 일이든 각자의 자리에서 모두가 최선을 다할 때 조직은 제 기능을 발휘하며 원활하게 돌아간다. 《장자》에 나오는 '월조대포越俎代庖'는 팀워크를 강조하는 의미로, 인구人口에 자주 회자되는 이야기다. 원문은 이렇다.

"제사를 지낼 때 주방장이 아무리 부엌에서 제물을 제때 올리지 못한다고 해도 축관이 화를 내며 제기를 뛰어넘어 부엌으로 들어가 그 자리를 대신하지 않는다."

여기에는 극단적으로 대비되는 두 직책이 나온다. 주방장은 부엌에서 요리를 만들고 조리하는 책임을 맡은 사람이고, 축관은 제사 지낼 때 축문을 읽는 사람이다. 요즘 회사로 말하면 생산 근로자와 경영자라고 할 수 있다. 두 역할은 서로 다르지만 회사가 끝까지 살아남고 발전하려면 각자의 역할을 충실히 수행해 나가는 팀워크가 필요하다.

생산과 영업, 홍보와 기획 등 각 분야의 사람들이 자신의 역할을 충실히 수행하는 모습에서 그 회사의 미래를 볼 수 있다. 남의 업무를 간섭하고 다른 영역에 영향력을 행사하는 반시스템적 행위에 대한 경고로 월조대포를 기억하기 바란다.

7장

인재를 육성하라

| 1 |

이상적인
리더의 조건

공자의 이상적인 인간형이 군자라면, 손자가 꿈꾸는 인간형은 장군이다. 군자가 인격적으로 완성된 도덕적 인간이라면, 장군은 상황 변화에 따른 임기응변의 천재성을 가진 사람이다. 일명 프로이센의 전쟁 철학자 카를 폰 클라우제비츠Carl von Clausewitz가 《전쟁론Vom Kriege》에서 말한 '군사적 천재Military Genius'의 개념과 상통한다.

《손자병법》의 장군에게는 두 가지 임무가 있다. 첫째는 보민保民이다. '나를 따라 전쟁에 나온 백성을 마지막까지 보호하고 무사히 고향으로 돌려보내야 한다'라는 임무다. 둘째는 보국保國이다. '나를 보낸 조국을 반드시 지켜야 한다'라는 소명 의식이다. "전쟁은 사람이 죽고 사는 곳이며,

나라의 흥망이 결정되는 곳이다. 장군은 백성의 목숨을 주재하는 사람이며, 국가의 안위를 결정하는 주체다." 손자는 전쟁에서 승패에 따른 엄중한 결과에 주목한다. 전쟁에서 장군을 잘못 만나면 병사들이 몰살당하고 나라가 망하는 최악의 상황을 맞이한다. 그래서 누가 현장 책임자로 나서느냐가 무엇보다 중요하다. 장군의 판단과 결정이 조직의 생존에 미치는 영향은 다른 어떤 요소보다도 막중하기 때문이다.

공자의 군자가 명분을 위해 목숨을 바치는 사람이라면, 손자의 장군은 자신을 믿고 따르는 병사들의 목숨을 자신의 명분보다 소중히 여기는 사람이다. 손자가 꿈꾸는 장군은 우아한 귀족이 아니다. 시련도 겪어보고, 눈물도 흘려본 불굴의 사나이다. 냉철한 이성을 갖고 상대방과 나를 비교 분석할 줄 아는, 현장을 아는 사람이다. 불확실한 전장에서 상황을 정확히 판단하고, 그에 기초해 적절한 전략과 전술을 수립하고, 병사들과 목표를 공유하며, 냉철한 이성과 따뜻한 마음을 동시에 소유한 사람이다. 자신의 속마음을 쉽게 내보이지 않지만, 옆에만 있어도 그 마음을 마음으로 느낄 수 있고, 자신의 분노와 감정을 자유자재로 제어할 줄 아는 자기 제어가 가능한 사람이어야 한다. 태산처럼 움직이지 않는 무게不動如山(부동여산)로 부하들을 안심시키고,

바람처럼 빠른 속도로其疾如風(기질여풍) 상대 조직이 도저히 막아낼 수 없는 공격 명령을 내릴 수 있는 사람. 이런 천재적 재능을 지닌 사람이 장군이다. 손자의 장군은 요즘으로 말하면 CEO나 현장을 책임지는 관리자다.

손자가 꿈꾸는 이상적인 장군의 조건은 제1편 〈시계〉에서 다음과 같이 다섯 가지로 제시하고 있다.

▮1 지장智將: 현장 실력을 갖춘 사람

손자가 장군의 자질로 실력을 첫 번째로 꼽은 것은 중요한 의미를 지닌다. 실력은 없고 인간성만 좋은 착한 리더보다 실력이 있어 조직의 생존을 책임질 만한 사람을 리더의 우선 조건으로 본 것이다. 능력이 없어서 조직원의 생명과 안위가 위협당하는 것보다 능력 있는 경영자 밑에서 생명을 보장받고 생존력을 높이는 것이 더욱 중요하다는 것이다.

손자의 지智는 머리에 달달 외고 있는 병법이 아니라, 현장을 정확히 이해하고 명확한 판단을 할 수 있는 현장 위기관리 능력이다. 요즘 중요하게 생각하는 학벌도 아니며, 업무에 관한 기술도 아니다. 《손자병법》의 명明주석가인 두목杜牧은 지를 "불확실한 상황에서 끊임없이 저울질해能機權(능기권) 생존의 해답을 찾아내는 변통 능력識變通(식변통)"으로 보았다. 이순신 장군은 병법 지식만으로 스물세 차례의 전승을 거둔 게 아니다. 현장에 대한 철저한 몰입과 천재적 전술, 그리고 그 능력을 신뢰하며 목숨을 던진 병사들이 있었기에 성공한 리더로 남을 수 있었다. 현장에 나가서 그곳에서 답을 구하라! 현장에 몰입하지 않고는 어떠한 실력도 발휘할 수 없다.

❷ 신장信將: 신뢰받을 수 있는 사람

부하가 믿을 수 있는 경영자, 병사들이 믿을 수 있는 장군만이 전쟁에서 승리한다. 신뢰는 《손자병법》뿐만 아니라 다른 고전에서도 지도자의 중요한 덕목으로 제시된다. 공자의 제자인 자공이 공자에게 물었다. "정치는 어떻게 해야 합니까?" 공자가 대답했다. "정치는 백성을 배부르게 해야 하고足食(족식), 백성을 방어하기 위한 군대가 강해야 하고足兵(족병), 백성의 국사에 대한 믿음이 있어야 한다民信(민신)." 자공이 이 중에서 가장 중요한 덕목을 묻자 공자는 이렇게 대답했다. "먹는 것과 국방력도 중요하다. 그러나 믿음과 신뢰가 없으면 그 나라는 제대로 운용되지 못할 것이다. 가장 마지막까지 놓쳐서는 안 될 덕목이 바로 신뢰다." 리더가 신뢰를 잃으면 나라의 정치가 제대로 이루어질 수 없다는 것이다.

기업의 투명성이 높아져 기업에 대한 믿음만 확보된다

면 떨어진 가치를 지금보다 많이 되찾을 것이다. 유교에서 말하는 친구 관계의 붕우유신朋友有信뿐만 아니라 신信은 부자, 부부, 장유, 노사, 정부와 국민 사이에서 새롭게 고찰되어야 할 가치다. 리더는 조직원의 신뢰를 얻어야 리더십을 발휘할 수 있다.

③ 인장仁將: 따뜻한 사랑이 있는 사람

인仁은 사랑이며 따뜻함이고 눈물이자 상대에 대한 배려이며 휴머니즘이다. 어느 추운 겨울, 동상에 걸린 손을 덜덜 떨며 서 있는 병사의 손을 마주 잡고 따뜻한 입김을 불어주는 것이 장군의 인이다. 인은 사람人이 둘二이라는 전제에서 시작된다. 상대방에 대한 배려와 관심이 인이다. 공자는 《논어》에서 인을 이렇게 말하고 있다. "내가 서고자 하면 남을 세워주어라己欲立而立人(기욕립이립인). 내가 도달하고자 하면 남을 도달하게 하라己欲達而達人(기욕달이달인)."

리더는 직원의 처지에서 생각하는 사람이다. 역지사지의 사고로 직원을 대할 때 상대방이 원하는 것을 찾아낼 수 있다. 공자의 사상을 계승한 맹자는 상대방의 불행을 차마 두 눈 뜨고 보지 못하는 '측은한 마음惻隱之心'을 인이라고 표현했다. 측은惻隱은 상대방에 대한 리더의 애절한 마음이다. 손자의 인은 장군으로서 병사들의 생명을 아끼고 그들의 고통을 함께 나누는 것이다. 인은 관념이나 추상이 아니라 실천이다. 외롭고 힘들고 어려운 이들이 모두 나의 형제이며, 지구상에 같이 숨 쉬고 있는 동포라는 생각이 인의 시작이다. 일명 사해동포四海同胞의 인식으로 병사들과 동고동락하는 사랑의 실천이다.

4 용장勇將: 용기 있는 사람

이번 전투에서 패하면 나부터 죽겠다는 각오로 솔선수범하는 장군 아래 겁쟁이 병사는 있을 수 없다. 원래부터 겁쟁이 병사가 있는 것은 아니며, 무책임한 장군이 겁쟁이 병사를 만드는 것이다. 《손자병법》의 주석가 매요신梅堯臣은 "용기 있는 자만이 과감한 결단을 내릴 수 있다勇能果斷(용능과단)"라고 주를 달았다. 장군은 과감한 결단을 내릴 줄 알아야 한다. 상대방과 단순히 경쟁해서 지지 않으려는 자존심은 필부의 용기다. 필부의 용기를 가진 사람은 한 사람밖에 대적하지 못한다. 진정한 용기를 가진 사람은 조직을 위해 굽힐 줄도 알고 물러설 줄도 안다. 장군의 용기는 병사들의 마음을 안정시키고 사기를 격앙시킨다. 아버지의 용기는 가족에게 힘을 주고, 사장의 용기는 직원들의 사기를 북돋운다. 용기는 조직을 튼튼하게 만드는 힘이다. 용장 밑에 약졸弱卒이 있을 수 없다. 조직을 위한 대세를 읽을 줄 알고 행동하는 것이 장군의 진정한 용기다.

5 엄장嚴將: 조직 시스템을 엄숙하게 지키는 사람

손자의 관심은 개인보다 조직에 있었다. 한 개인의 뛰어난 능력이 조직의 세勢를 올리는 것이 아니라, 시스템法이 조직의 힘과 에너지를 높인다고 본 것이다. 장군이 조직 시스템을 엄격하게 운용할 때 조직은 살아난다. 촉나라 승상 제갈량의 읍참마속泣斬馬謖은 엄격한 군율의 집행을 보여준다. 제갈량은 가정街亭의 전투에서 자신의 직속 부하 마속을 선봉장으로 임명한다. 자신 있다는 마속의 간청을 받아들인 것이다. 그러나 마속은 조직의 명령 체계를 어기고 오로지 자존심과 오기로 싸웠고, 결국 300명의 병사는 사마의 군대에 몰살당하고 만다. 전투에 패배했을 때 모든 군사는 궁금해했다. 과연 전쟁터에서 생사고락을 같이하던 마속의 목을 군법대로 벨 것인가? 제갈량은 눈물을 머금고 마속의 목을 베었다. 지시에 따르지 않고 제멋대로 싸우다 패배한 장수를 베는 제갈량의 엄격함은 조직을 위한 비장함이었다.

지도자는 자신이 아끼는 사람이라도 국가와 조직을 위해 죄를 묻고, 한칼에 죄인을 벨 수 있어야 한다. 그러한 엄격함이 지도자의 능력이다. '자신이 아끼는 사람' '고생을 같이 했던 사람' '그럴 리가 없는 사람' 등의 주관적 판단이 인사를 망치고 조직을 와해시킨다. 손자는 장군이었다. 오나라 수십만 병사를 지휘하는 최고경영자였다. 그는 자신의 잘못된 판단과 결정이 수많은 목숨을 좌우하고, 국가의 흥망을 결정할 수 있다는 사실을 누구보다 잘 알고 있었다.

장군은 개인이 아니라 조직의 생사를 결정하는 대표자로서 전쟁에 나서는 사람이다. 그래서 늘 고독하다. 자신의 감정을 통제하고 의도를 숨기는 만큼 허전하다. 모든 전략과 전술을 일일이 병사들에게 설명해줄 수도 없다. 장군이 조금만 힘을 잃고 풀이 죽어 있으면 조직이 동요하기 때문에 병사들처럼 마음 놓고 넋두리할 수도 없다. 모든 조직의 고민과 아픔을 자신의 것처럼 생각하기 때문에 언제나 슬프다. 전쟁에 이겨도 자신의 지혜와 명예로 생각하지 않는다無智名(무지명). 자신의 용기와 공을 자랑하지 않는다無勇功(무용공). 오직 조직의 팀워크形와 힘勢을 높이는 것이 장군의 목표다.

손자가 살았던 시대의 전쟁터이든, 현대 기업의 조직에서든 유능한 인재가 필요하다. 리더라면 유능한 인재를 뽑아 최대한 능력을 발휘하도록 경영해나갈 줄 알아야 한다. 그래야만 그 조직이 생존할 수 있다.

| 2 |

반드시 승리하는 리더의
13가지 전략

《손자병법》은 오늘날로 보면 일종의 경영서이며, 장군은 최고경영자CEO이다. 《손자병법》에서는 장군을 개인의 이익이나 출세를 위해서가 아니라, 국가와 백성을 보호하는 신성한 사명을 띤 존재로 보았다.

"군대를 제대로 운용할 줄 아는 장군은 백성의 목숨을 관리하는 사람이며民之司命(민지사명), 또한 자신을 선발해 내보낸 국가의 안위를 결정하는 주체다國家安危之主也(국가안위지주야)."

장군이 이러한 사명을 원활하게 수행하기 위해 전쟁터에서 경영자로서 해야 할 경영의 13가지 항목이 있다. 이 13가지는 《손자병법》의 목차 제목이기도 하다.

■ 시계始計: 처음부터 계산하고 시작하라

전쟁 전에 승산勝算을 따져야 한다. 승산은 《손자병법》에서 말하는 장군의 가장 중요한 역할로, 전쟁이 승리할 수 있는가를 정확하게 계산하는 것이다. 승산 없는 전쟁은 애초부터 하지 말아야 하며, 승산이 없다면 승산을 만들어놓고 현장에 가야 한다. 장군은 싸우러 현장에 나가는 사람이 아니다. 이미 승리의 모든 조건을 만들어놓고 승리를 확인하러 현장에 가는 사람이다.

■ 작전作戰: 철저히 준비하고 전쟁에 임하라

작作은 준비한다는 뜻으로, 작전은 대규모 전쟁 전에 반드시 병력, 군수물자, 무기를 빈틈없이 준비해야 한다는 의미다. 그래야 현장에 나가도 실수 없이 승리할 수 있다. 당시에는 전투 준비, 병사의 모집, 군수 등을 통틀어 '작전'이라 했다. 아무런 준비도 없이 현장에 나가 요행으로 승리를 바란다거나, 우연으로 적을 상대하는 장군은 조직의 생사를 책임질 자격이 없다. 오늘날 자본과 인력, 기술력을 충분히 갖추고 조직을 경영하라는 것과 같다.

■ 모공謀攻: 작전 계획을 마련하라

장군은 누구도 예상치 못한 작전과 전술을 마련하고 현

장에 나가서 싸워야 한다. 적을 알고 나를 알면 백 번 싸워도 모두 위태롭지 않은 법이다. 손자는 전략과 전술의 핵심을 부전승 사상에 맞추고 있다. 즉 가장 아름다운 전술은 싸우지 않고 이기는 것이며, 가장 위대한 승리는 싸우지 않고 거두는 승리라는 것이다. 제갈공명은 적벽대전에서 동남풍을 이용해 화공火攻계와 연환連環계를 사용해 승리했다. 유능한 장군은 현장을 읽어내고 천재적인 작전을 수립할 수 있어야 한다.

４ 군형軍形: 부대의 형을 효율적으로 짜라

조직의 구조를 어떻게 짜느냐가 장군의 임무 중 하나다. 전방 부대와 측면 부대, 본대와 특수부대의 형을 잘 짜야 병사들의 힘이 더욱 커진다. 호랑이는 먹잇감을 노릴 때 최대한 자신의 몸을 구부려 최적의 형을 만든다. 그리하여 먹잇감을 잡아챘을 때 최적의 힘이 나오는 것이다. 형은 전쟁의 승률을 높이는 조직의 틀이다.

５ 병세兵勢: 기세를 키워라

세는 조직의 분위기로, 세를 키워 병사가 그 세를 타게 하라는 의미다. 세가 커지면 병사들의 기氣도 커진다. 기와 세는 서로 연관성을 갖고 시너지 효과를 낸다. 아무리 겁

많고 무능한 병사라도 조직의 세가 강하면 그 세를 탈 수밖에 없다. 장군은 조직의 세를 상승시켜 병사들의 열정을 끌어낼 줄 알아야 한다. 형과 병칭해 형세形勢라고도 하는데, 외형 구조인 형도 좋고 내부 분위기인 세도 좋은 '형세'가 좋은 조직을 만들라는 것이다.

6 허실虛實: 나의 강점을 집중해 상대방의 허를 쳐라

선택과 집중을 통해 상대방의 허점을 무너뜨리는 것을 말한다. 허실의 미학을 알려면 우선 나의 강점과 약점, 상대방의 약점과 강점을 분석해야 한다. 그래야 내 강점에 집중해 상대방의 가장 약한 곳을 칠 수 있기 때문이다. 상대와 내가 전력이 같다면 상대방의 허를 쳐야 한다. 내 힘을 하나로 집중해 상대의 빈틈을 치고 들어가는 것이다. 이것이 허실의 전략이다.

7 군쟁軍爭: 유리한 위치를 점해 주도권을 쥐어라

쟁은 주도권 쟁탈전이다. 주도권은 그냥 오는 것이 아니다. 기동 노선의 선택, 적시 적절한 식량의 보급과 운용, 휴식과 훈련 등 모든 군사적 항목을 정확히 운용해야 주도권을 쥐고 전쟁에 임할 수 있다. 주도권을 잃고 전쟁에 나가는 것은 이미 불리한 상황에서 현장에 나가는 것과 같다.

8 구변九變: 현장 변화에 적절히 대응하라

변變은 현장 상황의 변화다. 전쟁터에는 끊임없이 변화하는 살아 있는 유기적 환경이 있다. 지형과 기상 조건, 전력과 무기, 상대방의 심리적 변화 등 현장을 제대로 파악하는 것이 장군의 능력이다. 특히 위기 상황에서 변통 능력을 발휘하는 것은 장군의 필수 조건이다.

9 행군行軍: 적의 상황에 따른 빠른 결단과 조치를 행하라

여기서 말하는 행군은 오늘날 행군하다march의 뜻 외에 이동하고, 전투하고, 주둔하는 모든 제반 사항을 말한다. 이를 적절히 수행하려면 지형에 관한 판단과 행동이 무엇보다도 중요하다. 손자는 전투 지형을 산전山戰·수전水戰·택전澤戰·육전陸戰 네 가지로 나누어 군대의 운영을 설명하고, 상황을 32가지로 분류해 작전 계획을 논하고 있다. 이런 지형과 주변 상황에 더해 장군의 병사에 대한 신뢰의 중요성도 말미에 함께 강조하고 있다.

10 지형地形: 작전과 밀접한 관계가 있는 지형을 장악하라

손자는 '육형六形'이라 하여 지형을 여섯 종류로 나누었다. 장군은 이런 지형에 대해 확실히 알고 있어야 승리를 기대할 수 있다. 아울러 군대가 반드시 패배하는 여섯 가지

지형을 '육패六敗'란 개념으로 설명하면서 "장군은 각 지형의 특성을 설명하고, 적절한 지휘 내용과 병력 운용 방법을 알고 전쟁에 나서야 한다"라고 명하고 있다.

🔢 구지九地: 적의 심장부 깊숙이 파고들어 공격하라

구지는 아홉 가지 지형을 말한다. 장군은 전쟁터의 상황과 지리적 환경을 기초해 지형을 아홉 가지로 분류하고, 그에 따른 적절한 전술을 펼 수 있어야 한다. 장군은 지리적인 지형의 분류를 넘어 심리적이고 사회적인 지형 분석을 통해 분대의 기동과 작전에 대해서도 능력을 발휘해야 한다.

🔢 화공火攻: 화력으로 상대방을 초토화하고 전율과 공포를 느끼게 하라

불은 오늘날로 말하면 적을 섬멸하는 대량 살상 무기다. 화공이란 불을 통해 적의 인명과 군수품을 초토화함으로써 다시는 전쟁을 할 수 없는 상황을 만드는 최후의 용병술이다. 효과가 큰 만큼 단점도 있다. 불에 의한 공격은 적과 아군 모두에게 큰 피해를 줄 수 있으며, 승리를 쟁취해도 전리품과 군수품을 획득할 수 없다. 그러니 최후의 전술로 사용해야 한다.

⒔ 용간用間: 적의 마음을 읽기 위해 인적 정보를 활용하라

용간은 간첩間을 운용한다用는 뜻이다. 간첩의 운용은
《손자병법》의 영원한 화두인 지피지기를 위한 방법론이다.
간첩을 부드럽게 표현하면 인적 정보다. 상대방을 아는 방
법 중 사람을 통해 정보를 획득하는 것만큼 정확한 것은 없
다. 손자는 귀신을 통해 정보를 얻어서는 안 되고, 일이 드
러난 현상만 보고 판단해서도 안 되며, 경험에만 의존해서
정보를 얻어도 안 된다고 강조했다. 장군이 미신이나 신비
에 빠지면 정확한 전략을 구사할 수 없기 때문이다.

《손자병법》은 CEO 장군의 경영 이론이다. 전쟁하기 전
에 승산을 따지고, 자금과 기술·인력을 준비하고, 기상과
지형 조건 및 적의 의도를 읽어내어 그에 맞는 적절한 전략
과 전술을 수립하고, 조직의 형세와 기세를 높여 직원들의
용맹과 열정을 끌어내야 한다. 적의 빈틈을 선택해 모든 전
력을 집중한 뒤 파상적으로 공격해 승리를 쟁취하는 일련
의 과정은 결국 보민과 보국의 소명 의식을 갖고 자신의 목
숨을 초개草芥처럼 던지는 장군의 엄숙한 경영 원리인 것
이다.

| 3 |

인재를 어떻게
선발할 것인가

조직에 유능한 인재가 얼마나 많은가는 기업의 성패와 관련된 중요한 요소다. 그래서 최대한 좋은 조건을 만들어 최선을 다해 훌륭한 인재를 초빙하는 것이 요즘 조직의 가장 중요한 과제가 되고 있다. 그런데 인재를 그토록 아끼는 데도 인재가 선뜻 찾아오지 않는 경우가 있다. 이때는 인재가 꺼리는 조직의 문제점은 없는지 한 번쯤 돌아봐야 한다. 인재는 월급만 많이 준다고 해서 오는 것이 아니다. 진심으로 나를 필요로 하고, 나의 능력을 펼칠 수 있는 조직 분위기가 갖춰져 있어야 한다. 심한 경우, 모든 조건을 갖추고 있는데도 인재가 모여들지 않는 경우도 있다. 그 이유를 한비는《한비자》에서는 다음과 같은 고사를 들어 설명했다.

송나라에 술을 만들어 파는 사람이 있었다. 그는 손님에게 술을 넉넉히 줄 뿐만 아니라 아주 친절했다. 그런데 언젠가부터 손님이 점점 줄어들더니 급기야 술이 팔리지 않아 결국 문을 닫게 되었다. 술집 주인은 동네에서 가장 지혜로운 어른을 찾아가 이유를 물었다. 그 어른의 대답은 이러했다.

"너희 집 개가 사나워 그런 것이다. 손님이 오면 사나운 개가 그토록 짖어대고, 심지어 어린아이가 부모의 심부름으로 술을 사러 오면 개가 물어뜯으며 위협하니 어느 누가 너희 집에 술을 사러 가겠는가? 아무리 술이 맛있어도 사나운 개가 있는 한 손님이 안 드는 것은 당연한 이치다."

일명 사나운 개猛狗가 일으킨 재앙이라고 해서 '맹구지환猛狗之患'이라는 고사성어가 여기에서 나왔다. 한비는 이 이야기를 꺼내면서 나라에도 사나운 개가 있다고 했다. 아무리 인재를 아끼고 훌륭한 군주가 있어도 주변에 그 인재를 받아들이고 아껴줄 신하가 없다면 결국 인재는 찾아오지 않는다는 것이다. 즉 훌륭한 능력을 갖춘 인재가 찾아왔더라도 주변의 대신들이 사나운 개가 되어 이리저리 그를 헐뜯으며 참소한다면 결국 인재는 떠날 뿐만 아니라 앞으로 찾아오지도 않을 것이다. 전국시대 정치가였던 순자도 유사한 말을 했다.

"선비에게 질투하는 친구가 있으면士有妬友(사유투우), 주변에 좋은 친구가 모여들지 않는다賢交不親(현교불친). 군주에게 질투하는 신하가 있으면君有妬臣(군유투신), 그 주변에 뛰어난 인재들이 모여들지 않을 것이다賢人不至(현인부지)."

여기서 질투하는 친구와 질투하는 신하는 한비가 말한 사나운 개와 같다. 그저 자신의 자리나 보존하려고 으르렁거리는 사나운 개와 같은 사람이 많은 조직에는 절대로 유능한 인재가 찾아오지 않고, 온다 해도 튼튼히 뿌리내리지 못한다. 내가 정말 아끼는 직장이라면 이곳에 좋은 인재가 많이 모여드는 것에 대해 불안해해서는 안 된다. 좋은 직원들이 있는 직장은 결국 나의 능력을 키우는 계기가 될 것이다. 주변에 어떤 사람을 두는가는 너무나 중요하다. 사나운 개 한 마리를 잘못 두면 모든 사람이 멀어지는 비극을 면치 못하기 때문이다. 사나운 개 때문에 가게 문을 닫을 수밖에 없었던 술장수의 이야기는 바로 우리가 어떻게 해야 조직을 더욱 든든하게 지킬 수 있는지를 생각하게 한다.

최고의 경영자로 일컫는 사람들에게서 발견되는 공통점은 '인재 제일주의', 즉 인재 활용의 기술이다.

1 맹자의 발탁 인사 원칙

"인사는 만사"라는 말이 있다. 인재를 뽑아 적재적소에 배치하는 인사관리야말로 조직의 생존과 밀접한 관련이 있다. 이와 관련해 춘추전국시대 제나라 맹상군의 문객이었던 노중련魯仲連은 이런 말을 했다.

"원숭이가 나무를 떠나 물속으로 들어간다면 물고기나 자라만큼 민첩하지 못할 것이고, 벽을 기어오르고 건물을 건너는 데는 호랑이가 여우만 못할 것입니다. 협객에게 보검을 던져버리고 호미를 들라 한다면 농부만 못할 수밖에 없지요. 이처럼 사람이 장점을 버리고 단점을 취하게 된다면 요순堯舜 같은 성인이라 할지라도 아무것도 이루지 못할 것입니다."

특히 기존의 인사 원칙을 뛰어넘는 발탁 인사는 파장이 크기 때문에 더욱 신중해야 한다. 외부에서 새로운 인재를 발탁해 높은 연봉과 지위를 주기 때문에 조직 내에서 느끼는 소외감은 그만큼 클 수 있기 때문이다. 맹자의 발탁 인사 원칙은 다음 두 가지로 정리된다.

① 능력 있는 사람을 갑자기 높은 자리에 등용할 때는 '부득이不得已'해서 하는 것처럼 해야 한다. 발탁 인사는 갑자기 낮은 지위에 있던 사람이 기존의 높은 지위에 있던 사람을 뛰어넘고, 군주와 먼 관계에 있던 사람이 가까운 관계에 있던 사람을 추월하기 때문이다. 최고 대우를

하며 인재를 초빙하는 것은 조직에 활력과 새로운 방향을 제시한다는 측면에서는 중요하지만, 기존의 질서 체계를 뒤흔드는 작용도 한다. 그래서 누구나 이해할 만한 원칙을 갖고 인재를 채용해야 한다. 도저히 그 사람이 없으면 안 될 상황을 만들어놓고 인재를 발탁해야 조직의 마찰이 적다.

② 주변 보좌관들이 아무리 좋다고 추천해도 안 된다. 즉 힘 있는 관료들이 추천해도 등용해서는 안 된다. 국민 모두가 능력 있다고 말할 때, 군주가 직접 능력을 검증한 뒤에 등용해야 한다. 측근들이 인사권을 쥐고 흔들며, 유력한 실력자의 압력이 발탁 인사의 원칙이 되는 조직은 앞날이 절대 밝지 않다. 오직 모든 사람이 이해할 만한 능력을 갖춘 사람을 가려 뽑아야 공정한 발탁 인사가 될 것이다. 맹자는 인재의 등용과 아울러 해임할 때도 이 원칙을 잊지 말라 강조한다. "주변 사람들이 내치라고 해도 따르지 말고, 관료들이 모두 건의해도 하지 말고, 오직 백성이 그 사람은 안 된다고 이구동성으로 말하면 직접 살펴보고 그만한 이유가 있을 때 그를 해임하라." 이런 맹자의 인사 원칙은 결국 조직원 모두가 이해할 만한 인사 원칙을 잊지 말라는 것이다. 맹자는 이렇게 결론을 맺었

다. "백성의 의견을 존중하는 인사 정책을 펴는 군주만이 진정한 백성의 부모라고 떳떳이 나설 수 있다."

맹자의 발탁 인사 원칙은 간단하다. "주변 측근의 말을 듣지 마라! 실력자의 이야기도 듣지 마라! 오직 모든 구성원이 이해할 만한 인사를 단행하라!" 조직을 이끄는 리더가 잊지 말아야 할 인사 원칙이다.

❷ 《사기》의 인물 평가 원칙

사마천의 《사기》에 나오는 인사 원칙은 다섯 가지로 정리할 수 있다.

① 평소에 누구와 친한지를 살펴보라居視其所親(거시기소친). 거居는 평상시를 뜻한다. 지위가 낮은 사람은 자신이 모시고 따를 상사를 찾게 마련이다. 자신의 출세를 보장해줄 힘 있는 사람하고만 친해지려는 사람은 유능한 인재라 볼 수 없다. 그가 따르는 사람이 어떤 인물이냐는 그가 어떤 사람인가를 판별하는 중요한 판단 기준이 된다.

② 부자가 되었을 때 누구와 함께하는지 살펴보라富視其所與(부시기소여). 후한을 세운 광무제光武帝가 그의 신하

송홍宋弘에게 "지위가 높아졌으니 지금의 부인을 버리고 나의 누이인 호양공주湖陽公主를 새로운 부인으로 맞는 것이 어떻겠느냐?"고 권유했다. 강직했던 송홍은 황제의 권유에 이렇게 대답하고 거절했다. "힘들고 가난할 때 사귄 친구는 부자가 되었다고 잊어서는 안 되고貧賤之交不可忘(빈천지교불가망), 고생과 어려움을 같이해온 아내는 부자가 되었다고 친정으로 돌려보내지 않습니다糟糠之妻不下堂(조강지처불하당)." 부자가 되어 지난 시절 자신과 함께 고생한 이들을 잊어버린 사람들이 귀담아들어야 할 이야기다. 지금 부자가 된 사람은 그가 어떤 사람들과 어울리는가를 살펴보면 그 사람의 인품을 알 수 있다.

③ 지위가 높아졌을 때 누구를 천거하는지 살펴보라達視其所擧(달시기소거). 지위가 높은 사람이 자신보다 능력이 출중한 사람을 윗사람에게 천거하기란 쉽지 않다. 자신의 자리가 위협당할까 봐 전전긍긍하기 때문이다. 유능한 인재를 발굴해 주군에게 천거하는 것이야말로 진정 조직을 위하는 관리자의 자세다.

④ 궁지에 몰렸을 때 어떤 일을 하지 않는지 살펴보라窮視其所不爲(궁시기소불위). 사람들은 궁지에 몰리면 대부분

어떤 일이든 한다. 평소에 그렇게 깍듯하게 모시던 상관을 비난하기도 하고, 자신의 안위를 위해 조직의 비밀을 서슴지 않고 누설하기도 한다. 그러나 인재는 궁지에 몰리더라도 하지 말아야 하는 일은 절대 하지 않는다.

⑤ 가난할 때 어떤 것을 취하지 않는지 살펴보라貧視其所不取(빈시기소불취). 훌륭한 인재는 아무리 가난해도 취하지 않는 것이 있다. 자신의 소신을 태산처럼 여기기 때문에 명분 없는 돈과 물질은 취하지 않는다. 어려운 형편에 처하면 대부분 사람은 물질의 유혹에 넘어가게 마련이다. 그런 사람은 조직에서 큰 그릇의 지도자로 성장할 수 없다.

❸ 《한비자》의 무능한 사람을 가려내는 방법

리더의 역할 중에는 유능한 직원을 선발해 능력에 맞는 자리에 배치하고, 그들의 실력을 유감없이 발휘하도록 기회를 주는 일도 있지만, 무능한 직원을 가려내어 조직의 누수를 막는 일도 중요하다. 문제는 무능한 직원을 어떻게 가려낼 것인가? 《한비자》에는 '찰간술察奸術'이라고 해서 간사하고 문제 있는 신하를 찾아내는 방법 다섯 가지를 제시한다. 물론 찰간술은 군주가 신하를 평가하고 분석하라는 의미로 사용된 것이다. 그러니까 문제가 있다고 해서 당장

해고하기보다 신하의 됨됨이와 능력을 관찰한다는 의미가 강하다고 할 수 있다. 《한비자》에서 말하는 신하의 판별법은 이렇다.

① 관청법觀聽法: 자신이 보고 들은 각각의 정보들을 종합해 관찰하라. 측근들은 늘 군주에게 모든 상황을 잘 보이려고 하므로 그들의 인물 평가와 정보는 한계가 있을 수밖에 없다. 그래서 군주가 직접 보고 들어서 종합적으로 판단하라는 것이다. 《논어》의 인사 원칙 중 "모든 사람이 다 좋다고 해도 직접 보고 판단할 것이며, 모든 사람이 다 나쁘다고 해도 직접 보고 판단해야 한다"라는 구절과 상통하는 말이다. 모든 평가의 주체는 내가 되어 직접 보고 듣고 종합적으로 판단해야 하며, 주변의 곡해된 인물 평가에 귀 기울이지 말라는 충고다.

② 일청법一聽法: 일일이 들어보고 우열을 가려라. 전체를 보면 개별의 문제가 보이지 않기 때문에 하나하나 일일이 듣고 판단해야 한다. 개인 한 사람의 평가에 주목하라는 이야기다. 제나라 선왕宣王은 우竽라는 악기 연주를 좋아했는데, 특히 합주를 즐겨 300명이나 되는 합주단을 거느리고 있었다. 남곽南郭이라는 연주자는 사실 연주 능

력도 없으면서 합주단에 끼어 최고의 연주자라고 자처하며 월급을 받았다. 즉 무임승차하는 직원이었던 셈이다. 선왕이 죽고 민왕湣王이 뒤를 이었는데, 합주를 좋아하지 않는 민왕은 한 사람씩 돌아가며 독주를 하라고 했다. 이 소식을 들은 남곽은 자신의 무능함이 탄로 날까봐 자기 차례가 오기 전에 미리 도망갔다고 한다.

③ 협지법挾智法: 알면서도 모르는 체하라. 한나라의 왕 소후가 손톱을 깎다가 신하들의 진실성을 알아보기 위해 거짓으로 잘린 손톱이 없어졌다며 불길한 징조라고 신하들에게 찾게 했다. 측근들이 방 안을 다 뒤졌지만 없는 손톱이 있을 리 없었다. 그때 어느 신하가 자기 손톱을 끊고는 찾았다고 외쳤다. 소후는 이런 방법으로 측근들의 마음을 시험했다.

④ 도언법倒言法: 사실과 상반된 이야기로 상대방의 심리를 꿰뚫어라. 예를 들어 하늘의 달을 보고 해라고 소리지를 때 누가 그 말에 동의하는가를 보고 신하들의 진실함을 관찰하는 방법이다. 얼토당토않은 리더의 말에 대한 신하들의 반응을 보며 그들의 속내를 판단한다는 것이다.

⑤ 반찰법反察法: 상반된 입장에서 동기를 찾아라. 어떤 일이 벌어졌을 때 누가 이익을 보고 누가 손해를 보는가를 잘 따져 사람을 판단해야 한다. 한나라 희후喜侯가 목욕을 하다 욕조에서 돌을 발견했다. 왕은 욕조 담당관을 혼내지 않고 그 아랫사람을 불러 죄를 다그쳤다. 결국 그는 욕조 담당관이 파면되면 자신이 그 자리를 맡으리라는 생각에 돌을 넣었다고 실토했다. 보이는 상황의 이면에 있는 동기를 찾아내 역으로 관찰하는 방법이다.

이 다섯 가지 인물 판단법은 군주가 어떻게 신하들의 능력과 마음을 알아내어 그들을 적절히 통제할 것인가에 대한 한비의 충고다. 부하 직원들의 능력과 마음을 읽어내는 일은 리더의 중요한 책임 중 하나임을 기억하자.

| 4 |

고전을 통해 보는
인재의 조건

1 《장자》의 대도가 되기 위한 5계명

《장자》에 나오는 우화가 하나 있다. 춘추전국시대에 도
척盜跖이라는 도적 떼의 우두머리가 있었다. 그는 수백 명
의 도둑 패거리를 몰고 다니는 당시 최고의 도둑이었는데,
하루는 그의 졸개 중 한 명이 이렇게 물었다. "두목님, 당신
처럼 위대한 도둑이 되려면 어떤 능력이 있어야 합니까?"
도척은 대답했다. "어떤 조직이라도 그 조직의 최고 우두
머리가 되려면 뭔가 남들과 다른 점이 있어야 하는 거야!"
도척이 말한 위대한 대도大盜가 되기 위한 다섯 가지 조건
은 이렇다.

① 성聖: 돈 있는 집을 잘 고를 수 있는 정보력이 있어야 한다. 어디를 가야 훔칠 만한 물건이 있는지 정확히 파악하는 것이야말로 일반 잡범들과 구별되는 능력이다. 도둑질 업계에서는 이런 능력을 '성'이라고 한다. 요즘으로 말하면 목표의 설정이다. 사업가로 치면 어디에 투자해야 돈을 많이 벌지 아는 선천적인 투자 감각이라는 뜻이다. 방향만 제대로 잡으면 기획서를 잘 쓰거나 자금 운용을 잘하는 사람은 얼마든지 구할 수 있다. 부하들이 목숨 걸고 두목이 가고자 하는 방향을 따라 담을 넘어 들어갔는데 집에 훔칠 만한 것이 없다면 다시는 그 두목을 신뢰하지 않을 것이다. 위대한 도둑이 되는 첫 번째 능력은 담력이나 훔치는 기술이 아닌 돈 냄새를 맡아내는 후각이라는 것이다. 조직의 리더는 조직이 가야 할 방향을 정확히 찍어야 한다. 새로운 트렌드를 읽고 경제 상황을 분석하고, 고객의 수요를 예측해 방향을 제대로 잡는 사람은 언제든 위대한 지도자가 될 자격이 있다.

② 용勇: 용기가 있어야 한다. 대도는 부하들보다 자신이 먼저 잡힌다는 각오로 목표한 집에 먼저 들어가는 용기가 있어야 한다. 부하들을 사지에 먼저 들여보내고 뒤에서 눈치만 보는 도둑을 두목으로 모실 부하는 없다. 또한

자신은 항상 빠져나갈 구멍을 만들어놓고, 여차하면 도 망가려는 사람 역시 리더가 될 자격이 없다. 위험 지역에 먼저 자신의 몸을 던지는 사람은 언제 보아도 든든하다. 망해도 내가 먼저 망한다는 자세로 어려운 길을 앞서서 나갈 때 진정한 지도자가 될 수 있다.

③ 의義: 의리가 있어야 한다. 대도는 도둑질을 끝내고 마지막까지 남아 현장 정리를 한 뒤 가장 늦게 나오는 의리가 있어야 한다. 부하들이 모두 안전한 곳으로 대피 한 것을 확인하고 마지막에 발을 빼는 것이다. 회사가 어 려울 것 같으면 먼저 정리해 도망가고, 위기 상황에 부하 들을 떠미는 지도자는 리더 역할을 포기한 것이다. 마지 막까지 남아 현장 정리를 마치고 불을 끄고 사무실을 나 오는 리더의 가슴속에는 부하들에 대한 따뜻한 휴머니 즘이 배어 있다. 그런 리더 밑에는 사람들이 모여들게 되 어 있다.

④ 지智: 정확한 판단력이 있어야 한다. 유능한 도둑은 도둑질하기 전에 미리 성패를 판단해 성공할 수 있는 도 둑질만 한다. 자신의 감정과 오기로 붙잡힐 것이 빤한 곳 으로 부하들을 몰고 들어가는 우를 범하지도 않는다. 냉

철한 이성으로 객관적 데이터를 가지고 사전에 분석하기 때문이다. 이성적인 운영이 가능한 사람의 조직은 쉽게 다치지 않는다. 판단력이 흐려지지 않으려면 언제나 자신을 객관적으로 볼 줄 아는 냉정함이 필요하다.

⑤ 인仁: 잘 나눠야 한다. 훔친 것을 나눌 줄 아는 마음이야말로 대도가 되기 위한 가장 큰 덕목이다. 조직은 어려운 상황에서 힘을 합해 가다가도 이익을 나눌 때가 되면 문제가 생기는 경우가 많다. 성과를 업적에 따라 공평하게 나눌 때 부하들은 또다시 그를 좇아 목숨을 걸게 된다. 어려움은 같이하자 해놓고 성과는 혼자만 독차지하려는 리더는 당장 이익이 될지 모르지만 오래가지 못한다. 그것이 물질이든 인사든 정확하고 공평하게 나눌 때 그가 이끄는 조직의 사기가 높아진다. 힘들게 고생하며 들어가 열쇠를 딴 사람보다 밖에서 그저 망이나 본 사람이 더 가깝다 하여 더 많이 준다면 누구도 그 조직에 있으려 하지 않을 것이다.

장자는 우화를 끝내면서 도척의 말을 빌려 이렇게 전하고 있다. "이 다섯 가지가 제대로 갖추어지지 않고 큰 도둑이 된 자는五者不備而能成大盜者(오자불비이능성대도자) 천하에 아직 없다天下未之有也(천하미지유야)!"

위대한 지도자는 저절로 만들어지는 것이 아니다. 이 우화는 도둑의 우두머리가 되기 위한 다섯 가지 조건을 말하지만, 지금 시대에 도척보다도 못한 지도자가 많은 것을 생각하면 결코 우화로 흘려들을 이야기는 아니다. 어떤 일을 하는 조직이든 조직의 생존을 책임진 리더는 뭐가 달라도 달라야 한다.

② 《노자》의 물을 닮은 지도자 7계명

《노자》에서는 지도자에게 "물을 닮아라"라고 말했다. 그 일곱 가지 조건은 다음과 같다.

① 지地: 물처럼 겸손하라. 물은 언제나 높은 곳에서 낮은 곳으로 흐른다. 낮은 곳은 남들이 싫어하지만 물은 항상 낮은 곳으로 흘러 강을 이루고 바다를 이루어 결국에는 천하를 감싸는 최후의 승자가 된다. 하늘같이 높은 사람이 아니라 땅같이 낮은 사람이 영원한 지도자로 남을 수 있다. 대부분 사람은 하늘처럼 떠받들어지기를 원한다. 자기 능력을 겉으로 드러내기를 원하고, 이름이 알려지기를 원한다. 그러나 남보다 잘나 보이려고 하므로 결국 못난 사람으로 남는 것이다. 물에서 겸손함을 배워라.

② 연淵: 물처럼 깊은 마음을 가져라. 아름다운 사람은 깊은 연못을 닮았다. 연못은 깊이만큼이나 남의 마음을 헤아릴 줄 안다. 말 한마디 꺼낼 때도 혹시 남에게 상처 주는 말은 아닌지 심사숙고한다. 겉으로 보면 도저히 측량하기 어려운 깊이가 있기에 그가 하는 행동은 믿음직하고, 그의 한마디는 신뢰가 간다. 기분에 따라 가볍게 결정하고 함부로 말하는 사람을 믿고 따를 자는 아무도 없다. 물에서 신중함을 배워라.

③ 인仁: 물처럼 나눌 줄 알아라. 물은 세상의 모든 생명체에게 차별 없이 그의 능력과 사랑을 나눈다. 못생긴 벌레라고 해서 차별하지 않으며, 예쁜 꽃이라고 더 잘해주지 않는다. 물은 차별 없이 나눌 줄 알기 때문에 누구에게나 환영받는다. 주변 사람과 자신이 가진 것을 나눌 줄 아는 사람, 즉 이익을 나누고, 능력을 나누고, 명예를 나눌 줄 아는 사람은 정말 아름답다. 물에서 나눔을 배워라.

④ 신信: 물처럼 믿음을 주어라. 물은 막힌 곳에서는 멈춰 서고, 트인 곳에서는 흘러간다. 높은 절벽에서 힘차게 떨어지는 물을 보면 자신 앞에 놓인 상황을 두려워하지 않고 믿음을 가지고 몸을 던지는 사람처럼 믿음이 생긴

다. 자신이 한번 한 약속은 반드시 지키는 신뢰할 수 있는 사람, 믿음이 무엇보다 중요하다고 생각하는 사람은 승리한다. 물처럼 믿음으로 충만한 인생을 사는 사람은 언제 보아도 아름답다. 물에서 믿음을 배워라.

⑤ 정正: 물처럼 정의로워라. 물은 세상의 모든 더러움을 깨끗하게 씻어낸다. 비 온 뒤 세상은 어느 때보다 아름답고 청명하다. 물은 세상을 깨끗하게 만드는 힘을 가지고 있다. 정의를 숭상하며 모든 차별과 불의에 대항해 세상을 아름답게 만드는 사람, 이런 사람이 있는 조직은 아름답다. 옳은 것은 옳다 하고, 그른 것은 그르다고 하는 확고함이 늘 함께하는 사람이 되어야 한다. 정의는 언젠가 승리한다는 믿음을 물에서 찾아라.

⑥ 능能: 물처럼 능력을 보여주어라. 물은 어떤 모습으로도 변신할 수 있다. 물이 자신을 한 가지 모습으로 규정하지 않기 때문이다. 다가오는 상황을 긍정적으로 받아들이고, 능력을 발휘해 최선을 다하는 모습을 물에서 찾아야 한다. 조직이 어떤 어려운 상황에 처하더라도 불평하지 않고 묵묵히 위기를 극복하는 사람을 보면 아름다움을 넘어 신성함까지 느껴진다. 어려운 상황에서 눈 하

나 깜짝하지 않고 대안을 마련해 돌파하는 모습은 정말 든든하다.

⑦ 시時: 물처럼 때를 기다릴 줄 알아라. 물은 때를 안다. 겨울이 되면 얼음이 될 줄 알고, 봄이 되면 녹을 줄 안다. 웅덩이에 갇히면 잠시 머물 줄 알고, 그 웅덩이를 넘을 만한 힘이 생기면 비로소 주저하지 않고 가던 길을 계속 간다. 사람은 진퇴進退할 때를 알아야 한다. 이것이야말로 위대한 사람의 아름다운 모습이다. 물에서 상황을 판단하는 방법을 배워라.

3 강태공의 인재 8계명

경영의 세계는 마치 전쟁터와 같다. 아무리 훌륭한 장수라 하더라도 주위에 유능한 참모와 병력 없이는 적을 이기지 못하는 것처럼 탁월한 경영자에게는 수하에 손발이 되어줄 인재가 있어야 한다. 그러나 전인적 재능과 수완을 갖춘 인재를 만나기란 그리 쉽지 않다. 인재란 어느 한 부분에서 특별한 강점을 보이는 동시에 다른 부분에서는 치명적 결점을 드러내는 경우가 대부분이기 때문이다. 따라서 뛰어난 경영자라면 그들의 단점보다는 장점을 잘 살려서 그에 걸맞은 성과를 거두는 안목이 필요하다.

그렇다면 인재가 되기 위해 갖춰야 할 능력은 무엇인가? 회사의 리더는 어떤 사람을 인재라고 생각하는가? 시대마다 변치 않고 거론되는 인재가 되기 위한 조건이 몇 가지 있다. 그중 중국의 성공한 정치가 강태공이 말하는 여덟 가지 인재 고르는 방법을 소개한다. 강태공은 강가에서 빈 낚싯대를 기울이며 때를 기다리다가 자기 능력을 알아줄 제왕을 만나 유감없이 능력을 발휘한 정치가다. 자신을 알아줄 제왕을 만나기 위해 자신의 능력을 부단히 갈고닦은 그가 말하는 여덟 가지 인재 발탁 원칙은 그가 지은 병법서 《육도六韜》에서 확인할 수 있다.

① 상詳: 탁월한 전문 능력이 있어야 한다. 자신이 일하는 분야에서 실력을 갖춰야 한다. 그에게 그 분야에 대해 질문을 던져 어느 정도 상세한 지식을 가졌는지 관찰하라問之以言以觀其詳(문지이언이관기상). 학벌이나 연줄이 아닌 실력이 가장 중요한 인재의 조건이다. 실력은 시간이 흐른다고 그냥 쌓이는 것이 아니다. 자신의 분야에 관한 끝없는 공부와 연구만이 실력 있는 전문가로 만들어준다. 아울러 실력이란 머리에서만 맴도는 암기 지식이 아니다. 다양한 현장에서 여러 위기와 경험을 통해 얻는 현장감이 진정한 실력이다.

② 변變: 위기관리 능력이 있어야 한다. 능력이 같다면 위기 상황을 설정해 대처하는 능력을 살펴봐라窮之以辭 觀其變(궁지이사관기변). 산전수전 모두 겪은 인재는 위기에 강하다. 모두가 도망치고 주저앉는 상황에서 다양한 변수를 설정하고 대안을 찾아내는 사람은 확실히 조직의 꽃이다. 아무 일 없이 평온한 때에 실력을 발휘하는 사람보다 위기에 강한 사람이 진짜 인재다.

③ 성誠: 주변 사람들에게 성실함을 인정받아야 한다. 사람을 보내 그 사람이 얼마나 성실한지를 관찰하라與之間 諜以觀其誠(여지간첩이관기성). 평소에 주변 사람들에게 인정받는 사람이 조직을 끌고 나갈 자격이 있다. 성실함은 시간이 지나도 변하지 않는 보배와 같다. 인재 육성에 주요한 역할을 하는 사람은 바로 현장 관리자들이다. 리더는 부하 직원으로부터 자기를 키워줄 수 있는 인물이라는 평가를 받아야 한다. 부하 직원의 실력과 가치를 적극적으로 높여줄 수 있는 리더야말로 찬사받을 것이며, 최고의 인재를 만들어낼 수 있다. 그런데도 우리는 아직도 부하 직원으로부터 인정받는 리더가 아니라, 최고 의사 결정권자로부터 인정받는 리더가 되고자 한다. 현대 기업 문화에서 마땅히 사라져야 할 관행이다.

④ 덕德: 인격과 도덕성이 뒷받침돼야 한다. 명백하고 단순한 질문으로 그 사람의 인격을 관찰하라明白顯問以觀其德(명백현문이관기덕). 윤리와 도덕은 사람의 능력을 더욱 돋보이게 한다. 물건을 하나 만들어 팔아도 그것을 쓰는 사람을 생각하거나 내 가족이 쓰는 물건이라 생각하고 만든다면 조직은 번성할 수밖에 없다. 도덕성이 결여된 능력은 사상누각, 모래 위에 쌓는 누각이나 다름없다. 회사가 도덕성이 결여된 사람을 능력만 보고 선발해 활용하다가는 큰 화를 당할 수 있다. 도덕적 의무와 책임감이야말로 영원할 수 있는 인재의 튼튼한 밑바탕이다.

⑤ 염廉: 돈 앞에 깨끗해야 한다. 돈 앞에 당당한 청렴함이 있어야 진정한 인재다. 그에게 재무관리를 맡겨 청렴함을 관찰하라使之以財以觀其廉(사지이재이관기렴). "돈 앞에 움직이지 않는 사람이 진정한 대장부다"라는 속담이 있다. 재물 앞에 마음이 흔들리는 사람이라면 언제든지 돈을 위해 자신의 명예와 신념을 버릴 수 있다. 이런 사람이 마지막까지 남아 조직의 최고가 되는 경우는 극히 드물다. 세상에 어떤 실수도 빠져나갈 구멍은 있다. 그러나 돈 관계가 깨끗하지 못하다는 인식이 들면 그 사람에게는 영원히 벗어날 수 없는 낙인이 찍힌다.

⑥ 정貞: 정조 관념이 있어야 한다. 색으로 그 사람의 정조를 관찰하라試之以色以觀其貞(시지이색이관기정). 색은 예나 지금이나 인재의 앞을 가로막는 걸림돌이다. 색에 빠져 직분을 망각하고 결국 조직을 무너뜨린 예는 무수히 많다.

⑦ 용勇: 용기가 있어야 한다. 부하들보다 먼저 어려운 상황을 헤치고 나아갈 수 있는 사람이 진정한 용기를 지녔다고 할 수 있다. 혼자만 살아남겠다고 부하들을 어려운 상황에 몰아넣고 모른 체하는 사람은 절대 리더가 될 수 없다. 어려운 상황을 알려주고 그 사람의 용기를 관찰하라告之以難以觀其勇(고지이난이관기용). 어려운 상황에서 모든 것을 내가 책임지겠다는 자세로 의연히 다가설 수 있는 용기를 가진 사람은 아름답다.

⑧ 주酒: 술에 흔들리지 않아야 한다. 술에 취하게 해 그 사람의 자세를 살펴보라醉之以酒以觀其態(취지이주이관기태). 술은 사람을 취하게 만들고 정신을 흐리게 한다. 술에 미혹되면 판단이 흐려지게 마련이다. 술을 먹어도 의연한 자세를 유지하고 자신을 통제할 수 있어야 일을 그르치지 않는다.

개인의 능력은 하루아침에 볼 수 있고 파악할 수 있는 것이 아니다. 인재는 오랜 시간이 지나야 그 진가를 알 수 있다. 단기간이면 자신의 이미지를 좋게 하려고 얼마든지 위의 여덟 가지 항목을 꾸밀 수 있기 때문이다. "먼 길을 가봐야 천리마인지를 알 수 있고, 시간이 지나봐야 인재를 알 수 있다"라는 말이 있다. 오랜 기간이 지나면 사람은 반드시 실체를 보이게 마련이다. 인재는 하루아침에 만들어지는 것이 아니라 오랜 세월을 두고 묵혀야 함이 틀림없다. 인재는 만들어진 기성품이 아니라 만들어나가는 수제 명품 과정이다.

長 袖 善 舞
장수선무

소매가 길면 춤도 예쁘다

옷소매가 길어야 춤이 예뻐 보인다長袖善舞. 장수長袖는 긴소매
를 말한다. 옛날 궁중에서 무희들이 춤출 때 소매를 길게 한 이
유는 춤선을 더욱 예쁘게 보이기 위해서였다. 똑같은 춤이라도
화려한 장식의 긴소매 옷을 입고 추면 예뻐 보이는 것은 당연
한 일. 비슷한 의미로 "같은 값이면 다홍치마" "보기 좋은 떡이
먹기도 좋다"라는 속담이 있다.

대부분 조건이 같다면 결국 예쁘게 포장된 것을 고른다. 얼굴이
야 선천적이니 고친다고 별 티는 안 날 것이고, 자신의 외모나
말씨는 얼마든지 포장할 수 있다. 단정한 옷차림에 깔끔한 매
너, 절제된 언어 습관과 친절함, 이런 조건을 갖춘다면 누구보
다 인기 있는 직원이 될 수 있을 것이다. 나는 다른 사람 신경
안 쓰고 산다며 외모에 전혀 신경 쓰지 않는 것이 멋있는 일은
아니다. 똑같은 음식점이라도 깨끗하고 인테리어가 잘 꾸며진
집을 자주 찾는 것은 인지상정이기 때문이다.

《한비자》에 나오는 '장수선무'의 고사는 원래 군주에게 유세하
는 신하의 자세와 관련한 말이다. 당시 제후들에게 유세하고 다
니던 지식인들을 제자백가라고 불렀다. 이들이 군주를 만날 때
는 빠른 시간 안에 자기 생각과 정책을 말해 군주를 설득해야
했는데, 잘못하다가는 정치에 등용되지 못할 뿐만 아니라 형벌

함께 읽으면 좋은 성어 ● 241

까지 받을 수도 있었기 때문이다. 이들은 가장 설득력 있는 논리로 제후들에게 말했다. 이때 정책과 함께 중요한 것이 말하는 사람의 태도나 외모였다. 아무래도 말하는 사람이 진지해 보이고, 신뢰감을 준다면 훨씬 더 쉽게 제후들을 설득할 수 있었을 것이다.

현대사회에서도 예외는 아니다. 영업하는 사람이 고객을 왕이라 생각하고 좀 더 진지하고 단정한 외모로 다가간다면 상대방에게 감동을 줄 수 있다. 직원이 깨끗하고 예쁜 옷차림에 밝고 긍정적인 태도로 고객을 맞이한다면 그곳에 대한 이미지가 좋아질 수밖에 없다. 내용뿐만 아니라 형식도 어느 정도 중요하다는 의미다. 옷소매가 길면 춤이 더 예뻐 보인다는 장수선무의 전술은 세상을 살아가는 지혜다.

8장

정보를 활용하라

정보 경영

| 1 |

사람을 활용한 정보 획득이
가장 확실하다

《손자병법》 중에서 가장 많이 알려진 지피지기에 대해 다시 한번 짚고 넘어가자. 지피는 상대방에 대한 정확한 정보이고, 지기는 나에 대한 정확한 정보다. 둘 모두 정보의 중요성을 강조한 말로, 지피지기는 상대방의 강점과 약점에 대한 정보를 획득해 나의 강점과 약점과 비교함으로써 효과적인 전략과 전술을 세우는 것을 말한다. 세계 최고의 기업들은 비즈니스 분야에서 선진적인 첩보 기술을 활용하고 있으며, 경쟁사가 어떻게 정보를 수집하는지 알고 있다. 또한 경쟁사의 다음 행동을 예상하고 그들의 도둑질로부터 기밀을 지켜내는 일은 경영 전쟁 시대에서 성공을 거두기 위한 핵심 관건이다.

정보 수집 방법 중 최고로 꼽는 것은 '인간 첩보', 즉 간첩에 의한 정보 수집이다. 첩자는 단순한 사실뿐 아니라 적의 의도까지 전해준다. 지피지기 이론 중에서도 특히 지피, 즉 상대방의 의도와 실정을 파악하는 데는 간첩을 이용하는 것보다 더 확실한 방법은 없다. 간첩, 나쁜 말로 하면 간첩이고 좋은 말로 하면 인적 정보다. 《손자병법》에서는 간첩의 활용에 대해 아예 한 편을 따로 분리해 설명하고 있는데, 마지막 제13편 〈용간用間〉이 그것이다. 용간은 말 그대로 '간첩을 어떻게 운용할 것인가'에 대한 내용으로 《손자병법》의 간첩에 대한 정확한 생각을 담고 있다. 손자는 다음과 같은 정보 획득의 네 가지 원칙을 말한다.

　　① 정보를 귀신에게 묻지 마라不可取於鬼神(불가취어귀신). 현대사회에서 투자와 기업의 미래를 종종 점집이나 예언가에게 물어보는 경영자들이 심사숙고해야 할 메시지다. 춘추시대 말기에는 대부분 장군이 귀신이나 초자연적 힘에 기대어 군대의 향방을 결정하던 분위기가 팽배했음을 고려하면 손자의 이 생각은 과학적 사유의 한 전형을 보여준다. 조직의 생존을 예언과 보이지 않는 신에게 맡기는 것은 현명한 리더의 선택이 아니다. 정보는 미신이 아니다. 객관적인 데이터와 숫자를 기초로 한 분석

만이 정보가 될 수 있다.

② 정보는 주관적인 감이 아니다不可象於事(불가상어사). 정보를 어떤 일이나 사람의 겉모습만 보고 추측해서는 안된다. 감이나 추측은 상대방의 정보를 얻기 위한 한 방법일 수는 있지만 전부는 아니기 때문이다. 어떤 일을 리더의 경험이나 주관적 감으로 짐작해 조직을 운영해나간다면 단 한 번의 잘못된 판단 때문에 조직이 위기에 봉착할 수 있다. 정보는 소설이 아니다. 함부로 상상해서도 짐작해서도 안 된다. 오로지 객관적인 분석만이 정확한 정보를 얻을 수 있다. 그러므로 추측이 아닌 사회 전반적인 흐름을 읽어내고, 그에 대처하는 능력을 키우며, 나아가 정확한 통찰을 통해 예측할 수 있어야 한다. 가치 있는 정보 한 가지를 놓쳤다가 앞날이 창창한 기업이 무참히 추락하는 예도 비일비재하다.

③ 상대방의 정보는 사람을 통해 얻는 것이 가장 확실하다必取於人(필취어인). 사람의 마음은 사람을 통해서 얻는 것이 가장 확실하다. 상대방이 무엇을 생각하고 있는지, 어떤 의도가 있는지는 성능 좋은 사진기로도 얻을 수 없다. 사람의 의도는 그것을 제대로 아는 사람을 이용해

야 정확히 알 수 있다. 사람을 통한 방법이야말로 눈으로 볼 수 없는 상대방의 의도와 실정을 정확히 파악하는 방법이라는 것이다. 그래서 《손자병법》에서는 인적 정보의 중요성을 무엇보다 강조하고 있다. 다양한 사람을 통해 정보를 수집해 분석하고 판단하는 것이 가장 정확한 지피의 방법이라는 것이다.

④ 정보를 얻는 데 돈과 지위를 아끼지 마라. 전쟁은 하루에도 천금이라는 막대한 자금을 쏟아부으며 준비하는 일이다. 이렇게 막대한 재정을 투자해 몇 년 동안 대치했다가 단 하루의 승부로 성패가 결정된다. 그런데도 간첩에게 줄 벼슬과 돈이 아까워 이를 활용하지 않아 결국 적의 실정을 정확히 파악하지 못해 패배한다면 이처럼 어리석은 일은 없다. 조직의 생존을 위한 정보를 얻는 데 인색하면 현명하지 못한 리더다. 정확한 정보는 전쟁에서 어떤 무기보다 큰 힘을 발휘한다. 아울러 정보를 내 마음대로 상대방에게 골라줄 수 있다면 효과적인 승리를 기대할 수 있다. 정보의 자유로운 운영과 획득은 지피지기 이론의 핵심 과제다.

제2차 세계대전 뒤에 미국은 외국으로부터 과학자, 기술

정보 획득의 4원칙

항목	내용
1원칙	귀신에게 묻지 마라
2원칙	미리 예단하거나 상상하지 마라
3원칙	사람에게서 정보를 획득하라
4원칙	정보를 얻는 데 돈과 지위를 아끼지 마라

자, 의사 등 고급 인력 24만 명을 받아들였다. 그때도 미국은 세계 최고의 과학기술을 자랑하고 있었음에도 그들을 받아들인 것은 그들을 통해 100년, 500년 뒤에도 국제사회에서 확실한 우위를 점하려는 의도였다. 당시 미국에서 한 사람이 초등학교에 입학해 대학을 졸업할 때까지 정부가 지급하는 교육비가 5만 달러 정도였기에 24만 명에게 지원하는 교육비는 모두 120억 달러가 된다. 여기에 기타 비용까지 계산하면 천문학적 비용이 들어가지만, 미국 정부는 인재에게 투자하는 돈은 원금을 계산할 필요가 없는 큰 돈벌이라고 생각해 아낌없이 투자했다. 그 24만 명의 외국인은 아시아계, 유대계, 라틴아메리카계 등 다양했지만 10년, 20년이 지나면서 미국의 핵심 두뇌로 성장해 과학기술 분야를 떠받치는 기둥이 되었다. 이들은 투자로 얻은 움직이

는 정보의 산물인 것이다.

손자의 정보 획득 네 가지 원칙에는 '내가 이끄는 조직을 위기에 빠뜨리지 않겠다'라는 강한 의지와 병사의 생존을 걱정하는 리더의 비장함이 배어 있다. 조직에서 아흔아홉 번의 승리는 그리 중요하지 않다. 단 한 번의 처절한 패배가 조직을 망하게 할 수 있기 때문이다.

■ 인적 정보를 얻는 방법

《손자병법》에서는 인적 정보를 얻는 방법을 다섯 가지로 분류한다.

① 향간鄕間: 상대방 지역의 사람을 이용한다. 비록 고급 정보는 아니더라도 상대방의 분위기를 파악할 수 있다는 측면에서 유용하다. 향鄕은 지역 사람이라는 뜻이다. 주로 동향·동창·동료·친척 등을 이용하며, 깊은 정보보다는 적의 분위기를 파악할 때 사용한다. 아는 사람과 통화하며 적의 분위기를 알아보는 것만으로도 충분한 정보가 될 수 있으며, 의외로 큰 정보를 얻을 수도 있다. 가끔 상대방 회사의 아는 사람과 통화하는 것도 정보를 모으기 위한 중요한 방법이다.

② 내간內間: 적의 내부 관리자를 이용한다. 적의 핵심 인물을 포섭해 상대방의 고급 정보를 얻어내는 것이다. 내간은 관리 비용이 많이 들어가지만 비교적 고급 정보를 얻을 수 있다는 측면에서 유리하다.《손자병법》최고의 주석가 조조曹操는 포섭하기 좋은 적의 관리로 재능 있는 실직자, 벌을 받은 자, 총애받으며 재물에 욕심이 많은 자, 굴욕을 참으며 낮은 자리에 있는 자, 능력에 맞는 자리를 못 얻은 자, 재기를 노리는 자, 언제든지 마음을 바꿀 수 있는 이중인격자 등을 나열하고 있다. 미국이 이라크를 침공할 때 대부분의 정보가 후세인의 측근에서 나왔다고 한다. 적의 주변부를 포섭해 정보를 획득한 것이 이라크를 쉽게 함락시키는 계기가 된 것이다.

③ 반간反間: 적이 보낸 간첩을 역으로 이용한다. 이중간첩 혹은 반간계라고도 한다. 반간은 두 종류가 있는데 적의 간첩을 회유해 이중간첩으로 변화시키는 방법과 모르는 체하며 거짓 정보를 적에게 흘리는 방법이 있다. 모두 상황에 따라 적절하게 선택해야 한다. 제갈공명이 반간계를 이용해 조조의 군대를 적벽에서 물리치고 큰 승리를 얻은 것이 이에 속한다. 정보 전쟁에서는 간첩이 어느 한 편만 위해 일한다고 생각하면 큰 오산이다.

인적 정보원의 다섯 가지 종류

단계	항목	내용
1	**향간**鄕間	상대방 지역의 사람을 이용. 가벼운 정보, 저비용
2	**내간**內間	적의 내부 관리를 이용. 고급 정보, 고비용
3	**반간**反間	적의 간첩을 반대로 이용. 역으로 이용당할 수 있음
4	**사간**死間	죽을 각오를 하고 적에게 거짓 정보를 전달하는 정보원
5	**생간**生間	적진에서 살아 돌아와 적의 실정을 보고하는 정보원

④ 사간死間: 자신의 목숨을 걸 수 있는 사람을 이용한다. 사간은 죽을 각오를 하고 적에게 거짓 정보를 전달하는 간첩이다. 자신의 목숨을 담보로 임무를 수행하기 때문에 돈만 가지고 포섭할 수는 없다. 상대방에게 원한이 있어 상대방이 망하기만 바라는 사람이나, 은혜를 입어 충성을 맹세한 의협심 강한 사람이 적당하다고 손자는 말한다. 사간은 목숨을 거는 일이므로 쉽게 나서서 할 수 있는 정보원이 아니다.

⑤ 생간生間: 적진을 넘나들 수 있는 사람을 이용한다. 적진을 넘나들며 살아 돌아와 적의 실정을 보고하는 간첩

이다. 생간으로 적당한 자는 속으로 영리하지만 겉으로
는 멍청해 보이는 자, 날래고 용감한 자, 배고픔·추위·
수치·더러움 등을 견딜 수 있는 자 등을 꼽는다. 생간은
자유자재로 정보를 얻는 중요한 방법이지만, 이를 잘못
이용하면 오히려 반간계에 걸릴 수 있다.

2 간첩 운용 시 주의할 점

손자는 간첩 운용 시 주의할 점을 세 가지로 제시하고
있다.

① 리더가 간첩에게 신뢰를 얻어야 한다上親於間(상친어
간). 돈으로 포섭한 자는 돈 때문에 마음을 바꿀 수 있다.
마음을 얻지 못한다면 내 사람으로 만들 수 없다. 인적
정보를 획득하는 데 오로지 돈이나 지위만 이용하는 것
은 금물이다. 신뢰와 믿음이 기초가 되어야 진정 나를 위
한 정보를 줄 수 있다.

② 상을 후하게 내려라賞厚於間(상후어간). 정보를 획득하
는 데 돈을 아끼지 마라. 정보는 투자한 만큼 효과가 나
타난다. 전쟁의 승패에 따라 나라의 흥망이 결정되는데,
정보를 얻는 데 인색하다면 유능한 리더가 아니다. 과감

한 투자를 통해 정보를 적극적으로 획득해야 한다.

③ 기밀 유지가 생명이다事密於間(사밀어간). 정보가 새어
나가면 사람의 목숨뿐만 아니라 조직의 생존에도 악영
향을 미친다. 섣부른 간첩의 운영은 조직에 도리어 해가
된다. 정보원의 이름을 공개적으로 말하는 것도 큰 위험
이 될 수 있다.

❸ 간첩을 효과적으로 운용할 리더의 조건

손자는 간첩을 운용하는 일이 쉽지 않다고 말하면서, 간첩
을 잘 운용할 수 있는 리더의 조건으로 세 가지를 제시했다.

① 똑똑한 사람만이 간첩을 운용할 수 있다非聖智不能用間
(비성지불능용간). 성지聖智는 리더의 덕목이다. 지혜와 인
격이 겸비되어야 나를 위한 사람을 만들 수 있다.

② 사랑과 의리가 있는 사람만이 간첩을 부릴 수 있다非
仁義不能使間(비인의불능사간). 인仁은 따뜻한 인정이다. 인정
을 베풀 줄 아는 사람이 정보를 얻을 수 있다. 의義는 의
리다. 의리를 저버리고서 충성을 맹세할 정보원은 아무
도 없다.

③ 세밀하게 분석하는 사람만이 정확한 정보를 얻을 수 있다非微妙不能得間之實(비미묘불능득간지실). 정보 자체는 큰 힘이 되지 못한다. 정보는 단순한 사실이기 때문에 이를 어떻게 해석하는가가 중요하다. 사실에 담겨 있는 미묘한 진실을 찾아낼 수 있는 리더가 진정한 정보를 다룰 줄 아는 리더다.

리더는 생존을 위해 정보를 선별·판단하고 결합해 정보에 대한 주도권을 쥐어야 한다는 것이 손자의 생각이다. 정보는 현명한 조직과 개인만이 가질 수 있는 경쟁력이다. 정보를 다룰 줄 아는 자는 이길 것이요, 정보에 무지한 자는 패할 것이다.

| 2 |

공간, 시간, 지식의
함정에 빠지지 마라

　정보에 어두운 사람을 "우물 안 개구리"라고 말한다. 이는 '정저지와井底之蛙'라는 한자 성어와도 뜻을 같이하는데, 우물 속 개구리가 자신이 보는 하늘이 세상의 전부라 여기고는 자신이 보지 못하는 다른 세상에 대해 인정하지 않는다는 뜻이다. 오로지 자신의 공간에 안주하며 자신이 알고 보는 것만 옳다고 생각하는, 고집과 편견에 빠진 사람을 빗대어 쓰는 말이다. 정확한 실정을 파악하지 못하고 자신이 보고 들은 것만 현실인 줄 아는, 정보에 무능함을 보여주는 리더에게 자주 사용된다. 다음의 이야기는 《장자》에 나오는 것으로, 그 의미가 매우 심장하다.

황하의 신 하백河伯이 있었다. 그는 가을철 물이 불어나서 끝없이 펼쳐진 황하를 보고는 세상의 모든 아름다운 것이 모두 자신에게 있다고 생각해 너무 흡족해했다. 이렇게 자기 모습에 도취해 살던 하백은 어느 날 동쪽으로 여행을 떠났다. 동쪽 바다에 도달한 하백은 끝도 없이 펼쳐진 바다의 모습을 보고는 엄청난 충격에 빠졌다. 세상에서 자신이 가장 크고 아름다운 줄 알았는데, 자신보다 더한 바다의 모습을 보고 경악한 것이다. 그는 바다를 다스리는 신 약若에게 자신이 그동안 얼마나 편협한 생각을 하고 있었는지를 반성하며 이렇게 말했다.

"내가 이곳에 와서 직접 당신의 모습을 보지 못했다면 아마 내가 세상에서 가장 잘나고 멋있다고 생각했을 것이오. 정말 그동안 나의 좁은 소견이 후회됩니다. 당신을 못 만났다면 영원히 남의 웃음거리가 될 뻔했습니다."

그러자 약은 하백에게 세 가지 충고를 해준다.

"첫째, 우물 속에 있는 개구리에게는 바다에 관해 설명할 수가 없습니다. 개구리는 자신이 사는 우물이라는 공간에 갇혀 있기 때문입니다."

바다를 보지 못하고 오로지 우물 속에서만 생활하는 개구리의 공간에 대한 구속을 지적한 것이다.

"둘째, 한여름만 살다 가는 여름 곤충에게는 찬 얼음에 관해 설명해줄 수 없습니다. 그 곤충은 자신이 사는 여름이라는 시간만 고집하기 때문입니다."

여름철만 살다가 겨울을 보지 못하고 죽는 여름벌레의 시간에 대한 구속을 말한 것이다.

"셋째, 편협한 지식인에게는 진정한 도의 세계를 설명해줄 수 없습니다. 그 사람은 자신이 알고 있는 지식에 묶여 있기 때문입니다."

자신이 알고 있는 고정관념에 발목 잡혀 있는 사람들이 집착하는 선지식에 대한 충고다.

장자는 이 이야기를 통해 세 가지 집착과 한계를 파괴하라고 충고한다. 첫째, 자신이 속해 있는 공간space을 파괴하라. 둘째, 자신이 살아가는 시간time을 파괴하라. 셋째, 자신이 알고 있는 지식knowledge을 파괴하라. 일명 '파괴적 혁신'이다. 우리는 이 세 가지 그물에 걸려 있는 경우가 많다. 알량한 학벌과 지식으로 누구의 말에도 귀 기울이지 않는 지식의 그물, 좁은 회사와 연줄에 얽혀 있는 공간의 그물, 눈앞의 이익만 생각하고 멀리 내다볼 줄 모르는 시간의 그물. 이 얽힌 그물들을 걷어내지 않는다면 진정한 승자로 남기 어려울 것이다.

경쟁 상대와 자신의 상황을 동시에 탁자 위에 올려놓고 분석하고, 상응한 대책을 세우는 것은 경쟁에서 승리하는

중요한 법칙 중 하나다. 경쟁 상대의 상황을 장악하는 범위
는 최대한 넓고 정확해야 한다. 그래야만 상대의 취약점을
찾아 그에 맞는 대책을 세울 수 있다. 상대에 대한 이해가
단지 표피적인 것에만 그친다면 아무 소용이 없다.

정보의 바다로 여행하고 새로운 정보를 끊임없이 받아
들이는 리더는 언제나 눈과 귀가 열려 있다. 많은 사람의
이야기를 귀담아듣고, 다양한 정보에 관심을 두고 대한다.
이는 정보에 열려 있는 리더, 늘 새로운 환경을 찾아내는
리더의 모습이다. 내가 알고 있는 정보, 내가 머무는 시간,
내가 집착하는 공간에 구속되어 있지는 않은지 부단히 점
검해야 한다.

| 3 |

나를 숨겨야
강해진다

　정보화 사회에서 기업의 정보력은 승패를 좌우한다. 이미 국제 경쟁력의 비교 우위 측정은 과거의 부존자원이나 노동력 등의 생산비 격차에서 기술력과 정보력 중심으로 바뀌고 있다. 디지털 사회 기반 시설은 흡사 인간의 신경계와 같다. 위험에 처하거나 무언가 필요할 때 그에 걸맞은 속도로 반응하도록 반사신경을 자극해주는 생물학적 신경계 말이다. 생물학적 신경계는 무언가 숙고하거나 판단을 내려야 할 때 필요한 정보를 제공해줄 뿐만 아니라, 중요한 문제에 신경 쓰고 있으면 중요하지 않은 정보들은 차단해주기도 한다.

　기업 역시 이 같은 종류의 신경계를 보유할 필요가 있다.

그래야 원활하고 효율적으로 움직여 위기 상황이나 기회에 재빨리 대응할 수 있다. 또 직원들에게 값진 정보를 빠르게 전달하고, 신속하게 결정을 내리면서 고객과 상호작용할 수 있다. '디지털 신경망digital nervous system'은 인간의 신경 체계를 기업에 적용한 디지털 신경 체계로, 적절하게 통합된 정보의 흐름을 꼭 필요로 하는 부서에 적시에 제공해준다. 디지털 신경망을 구성하는 프로세스는 기업이 외부 환경을 인식해 반응할 수 있도록 하고, 경쟁사의 도전과 고객의 요구를 감지하게 해주며, 이에 대해 시의적절하게 대응할 수 있도록 한다.

앞을 내다본다고 하면 굉장한 혜안이 필요하고 엄청난 예지력을 갖추어야 한다고 믿는 사람이 많다. 그러나 아무리 탁월한 능력을 갖춘 경영자라 해도 성공의 길을 찾으려는 노력을 게을리한다면 결코 미래를 발견할 수 없다. 마찬가지로 평범한 능력을 갖춘 경영자라 해도 오늘 이 시간 내가 맞이한 현상에서 가치를 찾으려는 노력을 게을리하지 않는다면 미래는 반드시 그의 편에서 손을 들어줄 것이다.

나의 정보를 상대방에게 노출하지 않는 힘은 또 다른 측면에서 경쟁력이다. 내가 가진 능력이나 생각을 읽히지 않는 것이야말로 나의 전력을 극대화하는 힘이라는 것이다. 공자의 명분론이나 상식으로 보면 이해가 안 가는 논리다.

그러나 "숨겨야 강해진다"라는 것은 전쟁터에서는 충분히 이해가 가는 이야기다. 병력의 수를 잘못 판단하게 만들고, 나의 의도를 잘못 읽게 해 전쟁터에서 주도권을 쥐고 나가는 것은 유능한 장군의 능력 중 하나다. 도가의 논리 중에는 이런 논리가 개인의 처세술로 확장된 측면이 있다. "숨겨야 강해진다! 낮춰야 오래간다! 부드러워야 단단해진다!" 모두가 역설적인 숨김의 미학이다.

"세상의 여러 처세술 중 가장 힘든 것이 똑똑하지만 바보인 체하면서 살아가는 것입니다." 중국사회과학원 철학연구소의 한 교수가 방문 학자로 있던 필자에게 자주 하던 말이다. 중국어로는 '난더후투', 즉 난득호도難得糊塗라고 한다. 호도糊塗는 바보라는 뜻이다. 똑똑한 사람이 바보처럼 남에게 보이며 살아가는 것이 가장 어려운 처세술이라는 것이다. 이는 원래는 청나라 문학가 정판교鄭板橋가 처음 사용한 말이다. 사회주의국가에서 자신의 색깔을 감추고 적당히 이데올로기와 영합하며 살아갈 수밖에 없는 지식인의 인생철학을 보여주는 이야기다.

그런데 놀라운 것은 난득호도의 철학이 중국의 일부 지식인만의 인생철학이 아니라는 데 있다. 필자는 중국에서 공부하는 동안 방문했던 적잖은 집에서 이 글귀를 발견했고, 심지어 '서울의 황학동'이라고 일컫는 베이징의 판자위

엔潘家園 골동품 시장에서도 이 글귀를 이용한 물건을 많이 봤다. 중국인은 왜 똑똑한 자신의 능력을 감추려 하는 것일까? 왜 바보인 양 꾸미며 살아가는 것을 중요한 처세술로 여기게 되었을까? 이에 대한 대답은 아주 다양하다. 자신의 본모습을 남에게 드러내지 않고 살아가는 것은 어쩌면 생존을 위한 고도의 위장술일 수도 있고, 상대방을 안심시켜 좀 더 강한 공격 효과를 기대하는 전술일 수 있다. 병법으로 보면 자신의 정보를 노출하지 않는 것이다. 자신이 가진 모든 것을 다양한 방법으로 아낌없이 드러내는 한국인은 이런 면에서 보면 고수가 아니다. 비록 순진함과 솔직함이 아름답다고 해도 난득호도의 인생철학에서 보면 하수인 것이다. 《손자병법》에서는 자신의 모습과 의도를 상대방에게 보이지 말라 충고하면서 이렇게 말한다. "상대방의 의도와 모습은 밖으로 드러나게 하고, 나의 의도나 모습은 밖으로 드러나지 않게 한다形人而我無形(형인이아무형)."

상대방의 의도는 거울 보듯 빤히 알고 있는데 나의 의도는 상대방이 전혀 모를 때, 나의 힘은 압도적으로 커진다. 낮에는 그토록 아름답고 만만하던 산이 캄캄한 저녁이 되어 그 앞에 서면 어떤 공포감에 전율하게 된다. 형체를 도저히 알 수 없는 무형無形에 대한 공포다. 손자는 상대방보다 훨씬 강한 조직이 되기 위해서는 무형의 조직이 되어야 한다고 강조한 것이다. 밤에 보는 산은 어떠한 정보도 없다. 산 모양, 굴곡과 능선 등 정보의 부재가 산을 겁나게 만드는 것이다.

"나의 의도를 적이 모르면 나는 전력과 병력을 집중專시킬 수 있고, 적의 전력은 분산分될 수밖에 없다我專而敵分(아전이적분). 내가 전력을 집중시켜 하나로 힘을 모을 때 적은 분산되어 10으로 나뉘게 된다. 이때 나의 힘은 적의 10배가 되어 분산된 적을 공격하게 될 것이다. 결국 처음에는 똑같은 수로 적과 만났지만, 집중된 나는 수가 많아지고衆 분산된 적은 수가 적어진다寡. 이렇게 많은 수로 적은 수의 적을 공격하면 나와 대결하는 상대방은 곤란한 상황에 빠지게 될 것이다."

다소 장황하더라도 손자의 이 날카로운 논리는 눈여겨볼 필요가 있다. 천천히 정리해보자. 시간에 따라 상대방과 나의 변화 흐름을 보면 이렇다. 상대방과 내가 처음 만났을 때는 전혀 전력의 우열이 없었다. 그런데 나는 무형으로 의도를 감추었고, 적은 자신의 의도를 내보이고 말았다. 정보에서 우위를 갖게 된다. 적의 모든 정보는 내가 가지고 있고, 나에 대한 정보는 상대방이 가지고 있지 못하다. 이 갈림길에서 적과 나의 차이가 나기 시작한다. 나는 무형에서 전專-십十-중衆-승勝 순으로 발전하고, 적은 형인形人에서

분分-일ー-과寡-패敗로 발전한다. 승패를 결정하는 원인은 간단하다. 결국 자신의 의도와 실체를 적에게 노출하지 않는 사람이 이기는 것이다. 이것이 손자가 말하는 시형법示形法, 정보 이론의 핵심 개념이다. 시형법이란 상대방에게 내 모습을 자유자재로 보이게 만드는 것이다. 즉 나를 상대방에게 유능한 사람으로, 혹은 바보처럼 보이게 할 수도 있다. 상황에 따라 내 의도대로 모습을 감추는 것, 정보를 나에게 유리하게 운용할 줄 안다는 것이다.

시형법에는 12가지 전술이 있는데, 첫 번째가 "능력이 있어도 적에게는 능력이 없는 것처럼 보여라能而示之不能(능이시지불능)"이다. 《육도》에는 "매가 먹이를 채려고 할 때는 날개를 움츠리며 나직이 날고, 맹수가 다른 짐승을 노릴 때는 귀를 세우고 엎드리며, 현명한 사람이 움직이려고 할 때는 어리석은 얼굴빛을 한다"라는 말이 있다. 결정적인 기회를 잡기 위해서는 의도를 겉으로 보이지 말아야 한다. 내가 원하는 바를 누구에게도 이야기하지 말아야 효과적으로 쉽게 목표를 달성할 수 있다.

손자의 후견인이던 초나라 오자서伍子胥의 친구 요리要離는 무적의 검객이었다. 그는 《사기》의 〈자객열전刺客列傳〉에도 등장하는 당시 최고 협객이었다. 그는 어떤 사람과 맞서도 지지 않았다고 하는데, 그의 승리 비결은 간단했다.

"항상 수비하는 자세로 적을 맞이하라. 적을 만나면 능력이 없는 것처럼 꾸며 적을 교만하게 만들어라. 그리고 성급한 적의 공격에 비어 있는 허점을 찾아 불시에 공격해라." 자신의 모습을 자유자재로 적에게 보이는 시형법의 진수다.

중국인이 난득호도와 함께 중요하게 생각하는 인생철학이 '도회지술韜晦之術'이다. 이는 세상을 사는 도가 철학적 지혜다. 도韜는 '숨긴다' '칼집에 칼을 집어넣는다'라는 뜻이다. 회晦는 그믐이다. 달이 자신의 광채를 감추는 날이기도 하다. 자신이 가진 날카로운 칼날을 칼집에 넣고, 자신의 광채를 숨기며 살아가는 인생철학이 도회지술이다. "물이 너무 맑으면 고기가 살지 못하고水至淸則無魚(수지청즉무어), 사람이 너무 살피면 따르는 사람이 없다人至察則無徒(인지찰즉무도)"는 속담이 있다. 너무 똑똑한 체하고 따지는 사람에게는 사람이 따르지 않는다. 지도자는 멍청한 듯해야 사람이 따른다. 직원의 잘못을 일일이 지적하고 따지면 주변에 사람이 모여들지 못한다. 어떤 때는 알고도 모르는 체하며 자신의 칼날을 감출 필요도 있다. 자신이 아는 것도 직원이 부지런히 준비해서 설명하면 모르는 체하고 들어주는 지혜가 필요하다. 사람이 하는 말이 뻔히 무슨 의도인지 알아도 모른 체해야 할 때가 있다.

춘추전국시대 정나라의 무공武公은 이웃 나라인 호胡에 욕심이 있었다. 그래서 항상 공격할 기회만 엿보고 있었다. 무공은 먼저 호나라를 안심시키려고 자신의 딸 중 한 명을 호나라 왕에게 시집보냈다. 자기 딸을 희생하면서까지 호나라를 침략해 합병하려는 계획이었다. 어느 날 왕은 조정 중신 회의에서 이렇게 물었다.

"과인이 다른 나라를 공격하려고 하는데 어떤 나라를 먼저 공격하는 것이 좋겠소?"

이때 관기사關其思라는 신하가 왕의 의도를 꿰뚫고 호나라를 먼저 공격해야 한다고 주청했다. 왕은 내심 자신의 의도가 드러난 것에 놀라며 이렇게 말했다.

"저자는 과인에게 사위의 나라를 공격하라 부추기고 있소. 호나라는 우리와 형제의 나라이거늘 싸움을 부추기는 관기사의 목을 베라!"

관기사가 죽었다는 소식을 들은 호나라는 안심했고, 그 틈을 타서 정나라는 호나라를 공격해 멸망시켜버렸다.

관기사는 왕의 의도를 정확히 파악하는 능력은 있었지만, 그것을 모르는 체하며 감추는 지혜는 없었다. 안다고 다 말해서는 안 될 때가 있다. 알고도 모르는 체하는 침묵이 더욱 값질 때가 있는 법이다. 침묵과 관련한 이런 시가 있다.

사람을 만나서 3분의 1만 말하라逢人且說三分話

마음을 한 조각까지 모두 보여주지 마라未可全抛一片心

호랑이가 세 번 입 벌리는 것은 두렵지 않다不怕虎生三個口

수시로 변하는 인간의 두 마음이 더욱 두렵구나只恐人情兩樣心

정보는 생명이다. 내가 방심하고 말한 정보가 결국 조직을 망하게 하기도 한다. "내가 공격해 싸우려는 곳을 적이 모르게 해야 한다. 그래야 적이 지켜야 할 곳이 많아지고, 결국 내가 맞서 싸울 적이 적어진다." 이 평범한 논리는 침묵의 중요성을 강조한다. 조직을 이끄는 지도자는 윤리학자가 아니다. 조직을 망하게 하고 직원들을 거리로 내모는 지도자는 어떤 명분으로도 용서받지 못한다. 조직의 생존을 위해서 때로는 바보처럼 보여 상대방의 허를 찾아야 한다. 때로는 알고도 모르는 것처럼 해 상대방을 안심시켜라. 이것이 정보를 장악한 리더의 정보 철학이다.

정보를 장악하는
시형의 12가지 이론

"비즈니스는 속이는 것을 두려워해서는 안 된다商不厭詐
(상불염사)." 이는 중국인이 비즈니스에서 가장 자주 사용하
는 원칙 중 하나다. 이 구절은 원래《손자병법》의 "전쟁에서
는 속이는 것을 두려워해서는 안 된다兵不厭詐(병불염사)"에서
변형되어 나온 것이다. 듣기에 따라서 권모술수權謀術數의
대표적 용어 같지만, 병사의 목숨과 국가의 안위가 한순간
에 결정되는 전쟁터에서는 자주 쓰는 병가의 이론이다.

전쟁의 핵심은 정보다. 상대방이 나를 정확히 알지 못하
게 하고, 나아가 잘못 판단하게 한다면 전쟁의 승패는 내가
좌우할 수 있다. 이것이 상대방에게 내 모습을 자유자재로
보이게 만드는 시형법이며, 병법에서 시형법은 유능한 장

군의 정보 장악력이다. 자신의 감정과 의도를 속이지 못하고 솔직하게 상대방에게 모두 보여주어 결국 전쟁에 패한 장군은 역사가의 붓끝에서 명예를 얻고 칭찬받을지는 모르지만, 백성을 모두 죽이고 나라를 말아먹은 무능한 리더일 수밖에 없다. 제갈공명은 적벽대전에서 수전에 약한 조조의 군대를 속여 연환계와 화공계로 섬멸했고, 이순신 장군은 왜적을 속이고 유인해 대피함으로써 조국을 구했다. 이들은 모두 성공한 리더로서 보민과 보국이라는 장군의 사명을 다한 인물들이지 남을 속인 사람으로 기억되지 않는다. 《손자병법》〈시계〉 편에서는 "전쟁은 속이는 도이다 兵者詭道也(병자궤도야)"라고 정의하고 있다. 여기서 궤는 속인다는 뜻이다. 내 의도를 숨기고 표정을 속여라! 능력을 속이고 분노를 속여라! 이런 처절한 자기감정 조절이 안 되는 사람이라면 유능한 장군이라 할 수 없다.

《손자병법》에서는 12가지 시형 이론을 제시하는데, 이는 정보전에서 아주 중요한 핵심 과제다.

① 능이시지불능能而示之不能: 능력이 있어도 없는 것처럼 보여라. 나의 능력을 상대방에게 모두 보이지 마라. 보여주는 순간 상대방은 긴장하고 대비한다. 나에 대한 정보를 발설하는 것은 금물이다. '능'과 '불능'의 양면성을 완

전히 장악해야 한다.

② 용이시지불용用而示之不用: 전쟁할 의도가 있어도 그런 생각이 없는 것처럼 보여라. 공격 의도를 상대방이 알면 공격 효과는 떨어진다. 마지막 순간까지 모든 수단을 동원해 공격 의도를 감추어야 한다. 일본이 진주만을 폭격할 때 미국을 안심하게 만들어 공격의 효율을 높인 것은 정보전의 또 다른 승리다. '용'과 '불용'의 장악이다.

③④ 근이시지원 원이시지근近而視之遠 遠而示之近: 의도와 목표가 가까운 곳에 있더라도 멀리 있는 것처럼 보여라. 의도와 목표가 먼 곳에 있으면 가까운 데 있는 것처럼 보여라. 6·25전쟁 당시 더글러스 맥아더 장군은 인천상륙작전에서 마지막까지 상륙 지점에 대한 정보를 주지 않았다. 내가 접근할 곳을 최대한 적이 다른 곳으로 생각하게 해야 한다. 그 격차가 크면 클수록 유리하다. '원'과 '근'의 격차를 자유롭게 운용할 줄 알아야 공격의 파괴력은 커진다.

⑤ 이이유지利而誘之: 적이 가장 좋아하는 미끼를 준비해 원하는 방향으로 유인하라. 정보를 일부러 흘려 상대방

이 잘못 판단하게 만들어야 한다. 중요한 것은 상대방이 좋아하는 미끼를 잘 선택해야 하는 점이다. 그래야 내가 원하는 방향으로 유인할 수 있다. 상대방이 덥석 물 만한 미끼를 선택하려면 상대방에 대한 정보를 충분히 갖고 있어야 한다.

냉전 체제에서 미국과 소련이 첨예하게 첨단 무기 경쟁을 벌이던 1960년대 중반, 소련이 미국 전투기의 선진 기술을 알아내기 위해 다음의 풍문을 흘렸다. "3억 달러의 예산으로 세계에서 가장 큰 제트기 제조 공장을 세울 예정이니 미국이 도와주기 바란다. 만약 미국이 원치 않으면 영국이나 프랑스 등과 협상해서 이 사업을 벌여나갈 것이다." 당시 3억 달러는 천문학적인 액수였다. 소련은 미끼를 던졌다. 그러자 미국의 대표적 비행기 제조 회사인 보잉과 록히드가 계약을 체결하기 위해 앞다투어 경쟁하기 시작했다. 보잉이 소련 국방성의 핵심 담당자를 초청해 만찬을 베풀면, 록히드는 그들을 자기 회사로 불러 생산 기지를 참관시켰다. 그리하여 소련의 항공 전문가들은 아무런 제지도 받지 않고 각 회사의 가장 비밀스러운 공간까지 자유자재로 참관할 수 있었다. 여기에 가장 앞장선 것이 바로 보잉이었다. 보잉은 미국 항공 산업의 핵심으로, 이곳이 공개된다는 것은 미국 공군의 심장이 공개되는 것이나 마찬가지였다. 이때 소련의 항공 전문가들은 특수 구두를 신고 작업장에 들어가 비행기 부속에서 깎여 나온 금속 가루를 빨아들이는 등 온갖 첩보 활동을 통해 비행기 기체를 만드는 특수 합금 재료까지 분석해낼 정도로 적극적이었다.

그 뒤 계약 체결에 미온적 태도를 보이는 소련에 대해 미국 항공사들이 분노하고 초조해할 무렵, 소련은 그동안 채집한 기밀 자료를 바탕으로 그 유명한 '일류신 제트기'를 만들어낼 기초 작업을 완성했다. 일류신 IL-76은 1971년에 첫 비행을 하고, 1974년부터는 군용으로 개량된 IL-76M이 소련 공군에 배치되기 시작했으며, 3년 뒤에는 민간형 IL-76T가 세계의 하늘을 누비면서 소련 공군력이 미국과 대등한 위치를 점하는 계기가 되었다. 당시 미국의 공군력은 세계 최강이어서 소련이라고 해도 결코 따라올 수 없는 위치에 있다는 자부심이 강했다. 그래서 상대의 계산에 세심하게 방비하라는 원칙을 무시하면서 소련의 속셈을 알려고 하지 않았기 때문에 미국은 그 대가를 톡톡히 치르고 말았다.

⑥ 난이취지亂而取之: 적이 혼란에 빠지고 어수선할 때를 놓치지 말고 공격해 무너뜨려라. '난'은 상대방에게 균열

이 있을 때다. 정보를 적극적으로 활용해 상대방의 실정을 정확히 알아야 한다. 상대방이 내부적으로 허점이 생겨 조직이 혼란할 때를 놓치지 말아야 한다.

⑦ 실이비지實而備之: 상대방의 역량이 충실하고 잘 준비되어 있으면 아군의 전력을 철저히 대비하라. '실'은 '난'과 대비되는 개념이다. 적이 모든 준비가 충실하고 전력이 잘 갖추어져 있는 상태를 말한다. 정보를 통해 그 상황을 정확히 파악해야 한다. 상대방의 준비가 완벽하다는 정보가 있으면 즉시 대비 상태로 들어가야 한다. 언제든지 적의 침략이 예상되기 때문이다.

⑧ 강이피지强而避之: 적이 강하다고 생각하면 일단 피하라. 전쟁 상황에 돌입했을 때 상대방의 전력에 관한 정보를 분석해 상대방이 나보다 강하다고 생각하면 일단 피해야 한다. 확실한 정보를 가지고서도 오기와 자존심으로 공격한다면 정보를 제대로 운용할 줄 모르는 리더다.

⑨ 노이요지怒而撓之: 적이 흥분하고 화를 내면 더욱 부추겨라. 상대방이 화를 내고 이성을 잃으면 더욱 화를 돋워야 한다. 반간계를 사용해 거짓 정보를 흘려 상대방의 분

노를 끌어내는 것도 중요하다. 상대방이 화를 낸다고 나까지 덩달아 화를 내면 안 된다. 오히려 이성적으로 판단해 상대방의 분노를 우리에게 유리한 국면으로 전환해야 한다.

⑩ 비이교지卑而驕之: 상대방이 나를 얕보고 깔보면 더욱 교만하게 만들어라. 상대방이 나를 멸시하고 하찮게 보고 있다는 정보를 얻으면 더욱 굽혀 상대방을 교만하게 만들어야 한다. 그렇게 오판을 유도해 나에게 유리한 국면을 만들어야 한다.

⑪ 일이노지佚而勞之: 상대방이 편안하게 쉬고 있으면 고생시켜라. 적이 편안하게 쉬면서 전력을 충전하고 있다는 정보를 얻으면 곧바로 쉴 틈을 주지 말아야 한다.

⑫ 친이리지親而離之: 상대방의 내부가 단합되어 있으면 이간질시켜라. 상대방의 결집을 막고 분열될 수 있도록 전략을 세워야 한다.

시형 이론은 모두 정확한 정보를 기초로 한다. 즉 적의 정보를 정확히 분석하거나, 거짓된 정보를 흘리거나, 모든 정보가 제대로 소통되어야 성공할 수 있다. 협상에서 상대방에 대한 정확한 정보만 있다면 얼마든지 주도권을 갖고 내가 원하는 방향으로 협상을 진행할 수 있다. 비즈니스는 전쟁이다. 그 전쟁에서 정보는 나의 의도를 관철하고, 상대방과의 경쟁력에서 우위를 점할 수 있는 중요한 요소다. 정보를 무시하고 오로지 순수함만으로 조직을 운영하는 리더라면 《손자병법》의 말대로 '무능의 극치'다.

정보즉금情報卽金, 즉 "정보는 금이다"라는 속담은 오래전부터 중국인에게 내려오는 사고방식이다. 기마민족 혈통의 중국인은 땅이라는 가치에 매달리며 하늘에 제사 지내고 하늘의 뜻에 따라 살아가려 했던 농경민족과는 정신 구조가 근본적으로 다르다. 한 장소에서 정보를 얻으면 곧바로 다른 장소로 가서 그 정보를 토대로 상거래를 해서 돈을 벌었다. 정보야말로 비즈니스를 할 수 있는 최대의 아이템이라는 생각이 일상생활에도 뿌리 깊게 스며 있다.

그저 정보를 메모해두는 것도 좋은 습관이지만, 더 나아가 그 정보를 나름대로 분석해 내 것으로 만들어두면 말 그대로 자신만이 보유한 '단 하나'뿐인 가치를 지니게 되며 성공으로 이어지기 쉽다. 그러나 그것보다 더 중요한 것은 행동하는 것이다.

중국에 유명한 이야기가 있다. 세 사람의 상인이 함께 길을 걷고 있었다. 한 사람이 길에 돈이 떨어져 있는 것을 보았지만, 그저 놀라 눈을 크게 뜬 채 가만히 서 있었다. 또 다른 한 사람은 "우아, 돈이 떨어져 있구나!"라고 소리만 질렀다. 세 번째 상인은 돈을 보고 즉시 주워 도망쳐버렸다. 똑같은 정보를 발견하더라도 행동으로 옮겨야 이익을 얻을 수 있음을 시사한다.

정보는 가지고만 있어서는 아무런 가치가 없다. 활용해서 내 것으로 만들 때 빛을 발하는 것이다.

以夷制夷
이이제이

적을 통해 적을 제압하라

한나라 때는 흉노족에 대한 갈등이 많았는데, 흉노족을 어떻게 굴복시킬 것인가가 중요한 외교적 과제였다. 기원전 138년 한나라 무제는 장건張騫 등을 선발해 흉노 정벌에 나섰다. 그에 앞서 서역의 여러 나라와 외교 관계를 맺고 흉노를 전방위에서 압박함으로써 서역의 50개국을 부추겨 서로 긴장하고 싸우게 했다. 그들이 중원을 넘보지 못하도록 묶어놓은 것이다. 이렇게 다른 나라의 힘을 이용해 목표한 적을 굴복시키는 전법을 '이이제이以夷制夷'라고 한다. 이는 중국이 지금도 쓰고 있는 중요한 외교 전략이다.

중국은 북한과 남한 역시 이이제이의 관점에서 바라본다. 남북한의 등거리 외교를 통해 적절한 긴장을 유지함으로써 중국에 위협이 되지 못하게 하는 전략이다. 즉 남한과 경제적 공조를 유지하고 북한과 형제애를 과시하면서 적절히 외교하고 있다. 그들은 남북한의 평화적 분위기가 무르익고 긴장 관계가 풀리는 것을 원하지 않는다. 남북한의 적당한 긴장감이 그들에게 선택의 폭을 훨씬 넓혀주기 때문이다. 이것은 한반도를 중심으로 미국과 일본, 러시아가 남북한을 바라보는 시각이기도 하다.

이와 비슷한 전략으로 이적공적以敵攻敵, 이이벌이以夷伐夷가 있다. 모두 적과 직접 싸우지 않고 다른 적을 이용해 적을 제압한다는 뜻이다. 남의 감정을 상대방에게 일일이 표출해 해결한다면 결코 나에게 이롭지 못하다. 적어도 또 다른 상대방과 역학 관계를 만들어 그들끼리의 경쟁을 통해 나의 이익을 유지하는 것이 피를 적게 흘리고 내 영역을 지키는 방법이다. 이는 강자들의 생존 전략으로, 약자 입장에서는 부당하지만 강자에게는 아주 합리적 방법이다.

9장

혁신으로 경영하라

| 1 |

트렌드에 맞게
빠르게 변해야 한다

    현대 기업은 급변하는 시대의 트렌드에 맞춰나가야만 생존할 수 있다. 전쟁터에서도 무한히 변화하는 전장 환경을 읽고 가장 적합한 전략을 찾아내어 효과적으로 실행에 옮기는 것이 관리자의 중요한 역할이다. 《손자병법》에서는 변화를 전쟁의 중요한 화두로 여겼다.

    《손자병법》에는 '병무상세兵無常勢'라는 말이 있다. '어떤 군대도 영원히 유지되는 기세는 없다'라는 뜻이다. 상세常勢는 변하지 않는 조직의 전력이다. 전력이 늘 똑같이 유지되는 것은 불가능하다. 전쟁에서 한 번 이겼다고 그 승리가 영원한 것도 아니다. 기상과 지형 조건이 변하고, 상대방의 전력이 변하고, 나의 전력도 변하는 상황에서 상세를 유지한다는 것은 쉽지 않다. 그래서 늘 변화를 대비해 대안을 세워놓고 전략을 수정해야 한다. 《한비자》에 나오는 유명한 중국 속담 중 "황하와 양쯔강에 아무리 큰 홍수가 나도 3일을 넘지 않는다"라는 말이 있다. 즉 아무리 큰 세력이라도 이를 영원히 유지할 수 없다는 비유다. 한때는 무서운 기세로 혁혁한 전과를 올렸다 해도 잠깐 방심하는 사이 승리는 패배로 바뀔 수 있다.

조직이 큰 세를 얻었을 때, 즉 최상의 실적을 유지하고 있을 때 더욱 겸손하고 조심해야 한다. 봄날이 계속되지 않듯 봄날에 도취해 있을 때 또 다른 승자가 자리를 차지하게 된다. 세상에 영원한 것은 없다. 오나라의 왕 부차夫差는 월나라와의 전쟁에서 승리하자 자기도취에 빠져 자신의 세력이 영원할 줄 알았다. 그리하여 와신상담臥薪嘗膽하던 월나라의 미인계와 술독에 빠져 결국 나라를 잃고 말았다. 어렵게 성공한 조직이라도 망하는 것은 그야말로 한순간이다. 아흔아홉 번의 승리가 중요한 것이 아니라 한 번의 패배가 조직을 망하게 하는 것이다.

조직은 저울을 닮아야 한다. 저울처럼 유연하게 상황 변화에 대처할 때 생명력이 길어진다. '어떤 상황이든 다가와라. 그 상황에 맞게 바꾸리라!' 이는 승리하는 조직의 생존원칙이다. 성공할수록 주위 상황 변화에 대비해 항상 긴장감을 갖고 최상의 실적을 유지하기 위해 노력해야 한다.

물은 항상 같은 모습이 없고水無常形(수무상형), 군대도 항상 같은 세를 유지할 수 없다兵無常勢는 것을 명심해야 한다. 그릇 모양에 따라 자신의 모양을 맞추는 물처럼 상황 변화에 잘 적응하는 조직이야말로 승리할 것이다. 실시간으로 변화하는 상황에 대처하는 기업, 신속하고 유연하게 상황 변화에 맞춰나가는 기업만이 생존할 수 있다.《손자병법》에는 상황 적응에 관한 이야기가 몇 가지 있다.

1 물은 지형 변화에 맞춰 자신의 물줄기를 통제한다水因地制流 (수인지제류)

물水은 변화에 따라 모습을 바꿈으로써 어떤 상황에서든 흐르고 통한다. 지地는 물이 흐르는 환경이다. 때로는 네모로 때로는 동그라미로 다가오는 다양한 지형을 정확히 읽어내고 자신의 새로운 물줄기를 만들어낸다. 환경의 변화에 따른 발 빠른 대응制流이 경쟁력이라는 것이다. 리더는 땅을 읽을 줄 알아야 한다. 직원보다 앞서 새로운 환경 변화를 감지하고, 조직의 시스템과 아이템을 바꾸어 살길을 찾아야 한다. 지형은 이미 바뀌었는데 옛날의 물줄기만 고집한다면 변화를 장악한 리더라고 할 수 없다.

② 군대는 상대방의 상황에 따라 승리를 만들어야 한다兵因敵
而制勝(병인적이제승)

나의 상대는 언제나 같은 모습이 아니다. 다른 조직과 연
합해 대규모 부대가 쳐들어올 수도 있고, 전혀 예상치 못한
곳으로 공격해올 수도 있다. 이를 정확히 읽어내고 판단해
승리의 전술을 내놓아야 한다. 이것이 제승制勝이다. 상대
방의 다양한 상황 변화를 판단해 그에 맞는 전략과 전술을
구사해야 한다. 한 가지 전술만 고집해서는 싸워서 이길 수
없다. 상대방의 상황 변화에 따라 적절한 전술과 전략을 찾
아내는 것이 승리의 지름길이다.

③ 적의 변화에 따른 새로운 전략과 전술로 승리하는 자야말
로 귀신같은 조직이다因敵變化而取勝者謂之神(인적변화이취승자위지신)

'귀신같다'라는 것은 인간의 한계를 넘어 최고의 능력 있
는 조직이라는 말이다. 신출귀몰하는 조직은 결국 변화를
읽어내는 조직이다. 변화의 흐름을 정확히 짚어내 승리하
는 부대가 신병神兵이다. 하늘이 내린 군대가 아니라 변화
를 읽어내는 군대라는 의미다.《한비자》에는 변화하는 상
황에 대처하지 못해 총애를 잃은 어느 미소년의 이야기가
있다.

위나라에 미자하彌子瑕라는 미소년이 왕의 총애를 받고 있었다. 하루는 궁궐 밖에 있는 어머니가 아프다는 소식을 듣고 임금의 명이라 속이고 수레를 타고 나가 어머니를 보고 돌아왔다. 당시 법에는 왕의 수레를 함부로 타면 발꿈치를 잘라버리는 월형刖刑이 있었는데, 왕은 소년을 사랑했기에 이렇게 말했다. "효자로다! 얼마나 어미를 사랑했으면 월형을 받을 생각도 잊고 그런 행동을 했겠느냐? 용서하겠노라!"

또 하루는 왕이 소년과 함께 과수원을 걷고 있었다. 소년이 복숭아를 하나 따서 한 입 베어 먹고는 달다며 왕에게 건넸다. 왕은 그 마음씨를 칭찬하며 이렇게 말했다. "나를 사랑하는구나. 맛있는 것을 나에게 주는 것을 보면!"

그러나 세월이 흘러 소년의 용모가 시들어지자 사소한 잘못을 저지름과 동시에 왕은 그의 지난 일들을 들추며 비난했고, 그 소년은 왕에게 버림받고 말았다.

한비는 이렇게 말했다. "미자하의 행동은 처음이나 나중이나 변한 것이 없었다. 그런데 왕에게 다르게 대우받은 것은 무슨 까닭인가? 왕의 애증이 변했기 때문이다. 사랑을 받을 때는 군주의 마음에 들어 더욱 친밀해지고, 군주의 미움을 받을 때는 사소한 잘못도 죄가 되어 관계가 소원해지는 것이다. 군주를 모시는 신하들이여, 군주의 애증을 잘 살펴서 보좌해야 할 것이다!" 미자하는 왕이 총애할 때 긴장했어야 옳았다. 자신의 미모가 영원하고 왕의 총애가 계속될 줄만 알았지 다가올 변화에 어떤 대응책도 세워놓지 못했다. 결국 상황이 변하면서 모든 것을 잃고 말았다.

현대사회의 기업들 역시 고객이 항상 자사 제품을 애용할 거라고 생각하면 오산이다. 고객의 애증은 순간순간 변하고, 그들의 변화에 재빨리 대응하지 않으면 결국 한때 잘나가던 회사로 남아 지난날을 통탄하고 있을 수밖에 없다. 언제나 우리 조직이 안정되고 오래갈 수 있다는 착각에서 벗어나야 한다. 시대가 요구하는 모습으로 변신에 성공하지 않으면 언제든 사회에서 버림받을 수 있다. 상황이 변하면 생각도 바뀌어야 한다. 항상 상황을 주시하고 대안을 마련해 변화에 대처해야 한다.

| 2 |

세상에 영원한
승리란 없다

《손자병법》에서 가장 추천할 만한 명구를 하나 뽑으라면 단연 '전승불복戰勝不復'일 것이다. 지피지기보다도 매력적인 구절이다. 해석하면 '전쟁에서 한 번 거둔 승리는 반복되지 않는다'이다. 확실히 《손자병법》은 단순한 병법을 넘어선 철학이 있다. "세상에 영원한 승리란 없다. 지금의 승리가 영원히 반복되리라고 생각하지 마라. 승리에 너무 도취하거나 자만하다가는 실패로 바뀐다. 어제와 똑같은 방법으로 승리를 쟁취하려 하면 승리는 멀어진다!" 이런 여러 메시지를 복합적으로 담은 구절이 바로 전승불복의 정신이다. 손자는 승리가 영원하지 않다는 것을 오행五行의 순환에 비유하며 이렇게 말했다.

"저 우주의 구성 물질인 오행을 보라. 어느 하나 승리를 독점하는 것은 없다五行無常勝(오행무상승). 가장 강하다고 생각하는 쇠金는 불火 앞에서 녹아버리고, 승자인 화火도 또 다른 승자인 수水 앞에서 승리 자리를 내주고 만다. 물은 다시 땅의 기운인 토土에 빨려 들어가 무릎을 꿇고, 흙은 다시 나무인 목木에게 머리를 숙이고, 나무는 다시 금金에 찍히고 만다. 과연 어느 기운이 우주의 진정한 승자인가?"

오행은 중국인이 세상을 설명하는 중요한 도구다. 세상의 변화를 다섯 가지 자연계 원소로 설명하는 방법은 비록 소박하지만, 그 흐름을 명확히 반영한다. 금목수화토金木水火土의 변화가 서로 상생·상극하는 세상의 변화에 그대로 적용된다. 손자는 또 이렇게 말했다.

"춘하추동 사계절도 영원히 계속되지 않는다四時無常位(사시무상위). 저 하늘의 태양도 동쪽에서 떠올랐다 끝내는 서쪽으로 지고 만다日有短長(일유단장). 달도 차고 기우는 순환을 한다月有死生(월유사생). 세상에는 영원한 것이 없다."

손자의 이러한 철학은 '세상에는 영원한 승자도 패자도 없다'는 뜻이다. 승리했다고 환호할 시간이 없다. 승리 뒤에 다가오는 또 다른 실패를 항상 명심하며 대비해야 한다. 북송 때 재상을 지낸 구래공寇萊公은 〈육회명六悔銘〉이라는 글에서 후회할 일을 이렇게 적고 있다.

"내가 높은 관직에 있을 때 자리를 이용해 이익을 취한다면 관직에서 쫓겨날 때 후회할 것이다. 내가 부자로 성공했을 때 검소한 생활을 하지 않는다면 망해서 가난할 때 후회할 것이다. 내 몸이 아프지 않을 때 건강을 과신하고 충분히 쉬지 않으면 쓰러져 병날 때 후회할 것이다."

누구도 영원한 권력을 유지할 수 없다. 부와 건강이 영원히 내 것이라는 생각은 그야말로 착각이다. 권력은 잠시 머물렀다 가는 것이고, 부와 건강도 영원하지 않다. 승리 뒤에는 언제 또 다른 승자가 기다리고 있다는 것을 명심해야 한다. 승리는 영원하지 않다는 장자의 밤나무 숲 우화가 있다.

장자가 밤나무 숲에 놀러 갔다가 이상한 까치 한 마리가 나무에 앉아 있는 것을 보았다. 장자가 까치를 향해 돌을 던져 잡으려는 순간, 까치는 본인이 위험에 빠진 것도 모르고 나무에 있는 사마귀 한 마리를 잡아먹으려고 정신이 팔려 있었다. 그런데 사마귀는 자기 뒤의 까치가 자신을 잡아먹으려는 사실을 모른 채 매미를 향해 두 팔을 들어 잡으려 했고, 매미는 그것도 모르고 그늘에서 모든 것을 잊고 노래하고 있었다. 장자는 순간 세상의 모든 것 중 진정한 승자는 없다는 사실을 깨닫고 던지려던 돌을 내려놓았다. 그때 밤나무 숲 지기가 쫓아와 장자가 밤을 훔친 줄 알고 그에게 욕을 퍼부었다.

장자 역시도 최후의 승자는 아니었다. 세상 사람들은 서로 먹히고 물려 있으면서 자신이 영원한 승자인 듯 착각한다. 매미든 사마귀든 까치든 장자든 각자 자신이 승리의 주역이라고 생각했겠지만, 승리를 확신하고 도취해 있는 순간 뒤에서 누군가 그 승리를 빼앗으려고 기다리고 있다.

그러면 세상에서 영원히 승리를 유지하는 것은 불가능한 일인가? 손자는 전승불복을 제시하면서 영원한 승자로 남기 위한 중요한 원칙을 한 가지 말했다. 바로 응형무궁應形無窮의 정신이다. 응應은 대응한다는 뜻이고, 형刑은 조직의 모습이다. 무궁無窮은 끝없이 변하는 상황을 뜻한다. 해석하자면 '무한히 변화하는 상황에 조직의 모습을 바꿔라'이다. 전승불복의 구절과 함께 조직의 생존을 위한《손자병법》의 영원한 명제다. 상황이 변하면 전술도 변해야 한다. 지난날의 승리에 집착해 변하지 않는다면 엄청난 패배를 경험할 것이다. 지나간 내 모습과 상황은 다시는 반복되지 않는다. 오직 새로운 상황에의 적응만 있을 뿐이다. 이것이 승리를 유지하는 유일한 비결이다.

한비는 이런 면에서 손자의 생각을 계승하고 있다. 그는 새로운 환경에는 새로운 질서가 필요하다고 역설했다. 이 당연한 사실을 깨닫지 못하는 지도자는 스스로 멸망의 길을 자초할 뿐이라고 지적하면서 다음의 우화를 제시했다.

송나라의 한 농부가 하루는 열심히 밭을 갈고 있었는데, 산 위에서 달려오던 토끼가 우연히 그루터기株에 부딪쳐 죽는 것을 보았다. 농부는 죽은 토끼를 잡아들고는 너무 기뻐했다. 그리고 그다음 날부터 힘든 밭 갈기를 포기하고 온종일 그루터기에 앉아守株 토끼가 부딪치기만待兔 기다렸다. 그러나 토끼가 다시 올 리 없었고, 그는 세상 사람들의 웃음거리가 되었다.

'수주대토守株待兔', 한 번의 행운에 기대어 그것이 반복되리라고 생각한 송나라 농부의 어리석음을 비웃는 사자성어다. 농부는 새로운 토끼를 잡고 싶으면 토끼의 습성을 연구해 새로운 방도를 생각했어야 했다. 잠깐의 행운은 절대로 반복되지 않는다. 자연계에서 멸종되지 않고 살아남은 대다수 종은 상황에 따라 끊임없이 자신을 바꾼다. 바퀴벌레는 어둠 속에서 몇 달 동안 먹지 않고도 살 수 있도록 적응했다. 상황에 따른 그 놀라운 적응력이야말로 당당히 지구상의 승자라고 으스대던 큰 동물들을 물리치고 마지막 승자로 남게 한 힘이다.

세상의 마지막 승자는 상황 변화에 놀랍도록 유연하게 변화하는 조직이 될 것이다. 승리에 도취하지 않고 겸손함으로써 자신을 낮출 때 진정한 승리가 그와 함께할 것이다. 현재 승리하고 있는 조직이라면 겸손함으로 상황 변화에 유연하게 대처해야 한다. 뒤에 또 다른 승자가 기다리고 있다는 것을 기억해야 한다. 반대로 패배하고 있는 조직이라고 해서 실망할 것은 없다. 승리가 영원하지 않다면 실패 또한 계속되지 않는다. 당당히 새로운 상황에 적응한다면 얼마든지 승리할 수 있다.

| 3 |

원칙과 변칙은
상생한다

변화에 관한 손자의 중요한 철학 중 기정奇正 사상이 있다. 기奇는 특수부대로 변칙을 의미하고, 정正은 정규부대로 원칙을 뜻한다. 즉 군대에서 정규부대와 특수부대, 원칙과 변칙을 동시에 운영하는 것이다. 기업에서 전략기획팀을 따로 운영하는 것과 같다. 이 역시 변화에 따른 전략과 전술이 있어야 한다는 생각에서 나온 손자의 말이다. 승리는 원칙만으로 가능하지 않다. 예상치 못한 공격으로 승리를 거머쥘 수 있다.

《손자병법》의 원문을 보면, "정규병으로는 원칙에 충실해 적과 싸워야 하고以正合(이정합), 특수부대인 기병으로는 변칙의 전술을 사용해 승리해야 한다以奇勝(이기승)"라고 되어 있다. 기정의 변증법은 여러 전략가가 설명하는데,《손자병법》의 명주석가 조조는 "정은 정면으로 싸우는 것이고, 기는 측면을 공격하는 것"이라고 주석을 달았다. 병법가 이전李筌은 "전쟁은 원칙만으로 싸우는 것이 아니요, 변칙이 없다면 마지막에 승자로 남기 어렵다"라고 주석을 달았다. 또 다른 주석가 매요신은 "전쟁은 정규병으로 하지만, 마지막 승리는 특수부대로 얻는다"라고 했다. 정규부대라는 원칙과 특수부대라는 변칙의 적절한 운영이 승리의 관건이라는 말이다.

조직의 승리는 원칙만 갖고 되는 것이 아니라, 상황에 따라 변칙을 사용할 줄 알아야 얻을 수 있다. 요즘으로 말하면 변화 경영이다. 상대방이 도저히 예측할 수 없는 생각의 변화와 속도로 전쟁에 임하라는 것이다. 그 전략을 세 가지로 정리해보면 다음과 같다.

■ 전쟁에서 강한 세를 만드는 것은 원칙과 변칙이다

정병과 기병, 이 두 가지를 적절하게 구사할 줄 아는 조직이 강한 세를 만들 수 있다. 전장이라는 환경에 고정된 원칙을 적용할 것이 아니라 환경에 따른 다양한 변칙을 사용하라는 것이다. 때로는 원칙으로, 때로는 변칙으로 변화무쌍한 조직을 운영해 세를 키우는 것이 리더의 역할이다.

리더는 원칙과 변칙의 변증법을 이해하고 있어야 한다.

2 원칙이 꽃이라면 변칙은 열매다

변칙을 잘 운영하는 장군은 전술이 하늘과 땅만큼이나 무궁하고, 강과 바다처럼 마르지 않을 것이라고 강조한다. 꽃을 피우는 것만으로는 훌륭한 농부라고 할 수 없다. 꽃에서 열매가 나와야 유능함을 인정받을 수 있다. 원칙만으로 싸우면 위대한 장군이 아니다. 변칙을 통해 승리를 얻어낼 때 유능한 장군이라 할 수 있다.

손자가 살던 시대에 원칙만 고수하며 변화와 변칙에 부정적인 리더들이 있었다. 그들 중 정해진 시간과 장소에서 예의를 갖춘 후 오직 용기와 힘으로 싸운 귀족들이 역사가의 기록에서 우상으로 남았다. 장군들은 역사가의 칭찬을 받았을지 모르지만, 그를 믿고 가족과 고향을 떠나 전쟁에 나온 병사들은 그 장군들의 원칙을 위해 죽어가야 했다. 꽃은 화려하나 실익이 없다. 열매 없는 꽃은 모양만 좋을 뿐이다.

3 원칙과 변칙에는 경계가 없다

변칙이 때로는 원칙이 될 수 있고, 원칙이 때로는 변칙이 될 수도 있다奇正相生(기정상생). 이전의 원칙은 다른 상황에서는 변칙으로 바뀌고, 지금의 변칙은 다음 전쟁에서 원칙으로 바뀔 수 있다. 원칙과 변칙의 벽을 허물고 자유자재로 넘나들어야 변화를 제대로 읽어내는 리더라 할 수 있다. 《손자병법》에서는 죽기만을 각오하고 싸우는 장군은 조직을 망친다고 한다. 하지만 이순신 장군은 "살려고 하는 자는 죽을 것이요, 죽기를 각오하는 자는 살 것이다"라고 말했다. 이순신 장군은 기정의 변증법을 알고 있었다. 죽기 살기로 싸우는 것이 변칙이지만, 그 상황에서는 변칙이 더 큰 힘을 발휘할 수 있다.

원칙과 변칙은 경계가 있는 것이 아니라 상생하는 것이다. '기정상생'은 기와 정은 상황에서 서로 다른 모습을 할 수 있다는 말이다. 손자는 이를 끝없이 순환하는 고리에 비유해 "끝없는 고리와 같은 변화의 끝을 누가 알 수 있겠느냐"라며 원칙과 변칙의 상생을 주장했다.

기정의 변증법을 이야기하면서 손자는 지켜야 할 두 가지를 말했다.

첫째, 원칙을 배제한 변칙은 있을 수 없다. 어떤 조직이든 원칙에 충실할 때 변칙이 발휘된다. 정규부대가 제대로 적을 막아줄 때 특수부대가 의미 있다. 기본이 되어 있지 않은 스포츠 선수가 어떻게 변칙으로 승리할 수 있겠는가?

자장면이 맛있지 않은 중국집이 어찌 비싼 요리로 돈을 벌 수 있겠는가? 결정적 점수는 변칙을 통해 얻을 수 있겠지만, 그것은 탄탄한 기본기가 되어 있을 때 가능하다.

둘째, 변칙은 제대로 발휘했을 때 효과적이지만 반칙은 안 된다. 변칙은 상황에 따라 구사할 수 있지만, 반칙은 규칙에서 완전히 벗어나는 것이다. 잠깐의 승리는 얻을 수 있지만 반칙을 통해 얻은 승리는 오래가지 못한다.

| 4 |

물을 통해 배우는
변화 경영

'상선약수上善若水', 사람에 따라 어떤 약수터 이름처럼 들릴 수도 있다. 그러나 한자 뜻을 제대로 새기면 전혀 새로운 뜻이 된다. '최고의 선上善은 물水과 같은若 것이다.' 주나라 황실 도서관장을 지낸 노자의 2,500년 전 조직은 물을 닮으라는 선언이다.

"물을 닮아라. 세상에서 가장 아름다운 것이 물의 모습이다. 물은 세상의 모든 만물을 키워줌에도 자신을 내세우지 않는다. 오히려 남들이 가장 싫어하는 낮은 곳으로 흐르지 않더냐! 그래서 물은 가장 위대한 존재가 되는 것이다."

노자의 이런 혁신 정신은《손자병법》에서 말하는 장군의 변화 및 혁신 정신과 궤를 같이한다. 농업 사회에서 가장 중요했던 물을 통해 《노자》와 《손자병법》은 어떤 철학을 토해내려 했을까? 물에서 변화와 혁신 정신을 읽어보자.

1 물에서 유연함을 읽어라

그릇 모양에 따라 변하는 물의 모습은 오늘날 조직이 꿈꾸는 가장 아름다운 유연함이다. 물이 이렇게 변한 상황을 받아들이고 실시간 자신의 모습을 변형할 수 있는 철학은 무엇인가? 물에는 고정된 모습이 없기水無常形 때문이다. 상형常形은 영원히 변치 않는 모습을 말하는데, 지나간 모습에 발목이 잡혀 다가온 상황을 인정하지 않는 조직에 비유할 수 있다. 이런 조직은 결국 경쟁력을 잃고 생존에 실패할 것이다. 시대가 요구하는 어떤 모습이든 적응할 수 있는 유연함을 가진 조직이 결국 영원히 존립할 수 있다. 시대가 바뀌면 조직의 시스템도 바뀌고 조직원의 마인드도 바뀌어야 한다. 과거를 잊지 못해 옛날 타령만 하는 사람이라면 물의 유연성을 배워야 한다. 시대가 변하면 그에 걸맞은 모습으로 변하리라隨時應變(수시응변). 시時는 끊임없이 변하고 있고, 그 상황에서 응변應變할 때 조직의 생존은 보장된다. 변하라! 물줄기가 지형에 따라 변하듯이, 자신의 고정된 모습을 깨뜨리고 새로운 변화에 유연하게 적응하라!

❷ 물에서 겸손함을 읽어라

물은 높은 곳에서 아래로 흐른다避高處下(피고처하). 물의 능력이나 공덕으로 보면 자신을 뽐낼 만하다. 물 없이 존재할 수 있는 것은 아무것도 없지 않은가. 그러나 물은 자신의 공을 과시하거나 자랑하지 않는다. 오히려 공을 감추고 낮은 곳으로 임하기에 결국 큰 강이 되고 바다가 되어 천하를 감싸는 진정한 승자가 된다. 겸손과 낮춤은 결과적으로 효율적인 성과를 보장한다. 아직은 멀었다고 생각하는 긴장감으로 부단히 노력해 목표를 추구해나갈 때 조직은 더욱 성장할 수 있다. 물이 자신의 공덕을 과시하며 위로 흘렀다면 산속의 조그만 웅덩이로만 남았을 것이다. 시간이 지나 이끼가 끼어 썩어버린 그런 모습으로 말이다. 공을 이루었다면 몸은 물러나라功成身退(공성신퇴)! 내가 이룬 성공을 과시하고, 내가 베푼 은혜에 안주하려 한다면 결국 성공과 은혜는 멀어질 수밖에 없다.

'대기만성大器晚成'에서 만晚은 늦어진다는 뜻이 아니다. 고대에는 면免과 같이 쓰이는 글자로 부정의 의미가 있다. 그래서 대기만성은 큰 그릇은 영원히 만들어지지 않는다는 의미다. 큰 그릇이 만들어지면 이미 큰 그릇이 아니기 때문이다. 이 시대가 원하는 목표를 향해 겸손함과 긴장감으로 부단히 성장하는 모습이 진정 이 시대의 경쟁력이다.

승리할 때 긴장하고 자신을 낮추어야 더 큰 승리를 얻을 수
있다.

❸ 물에서 진퇴의 때를 읽어라

물은 흐르다 웅덩이에 갇히면 잠시 쉴 줄 안다. 힘도 없
으면서 경거망동해 억지로 웅덩이를 벗어나려고 하지 않
는다. 힘과 역량이 충분히 갖추어져 웅덩이를 벗어날 힘이
생겼을 때 비로소 자연스럽게 자신의 길을 떠나며 흐른다.
우리는 물에서 진퇴를 결정하는 능력을 배워야 한다. 강태
공이 바늘 없는 대나무를 드리우고 때를 기다리며 낚시를
한 것은 세월을 낚고자 함이었다. 아직 때가 이르다고 생각
하면 잠시 시간을 두고 기다리는 여유가 필요하다. 물에서
상황을 정확히 판단하고, 때를 기다리는 침착함을 배워야
한다.

우리는 가치의 혁신을 통해 내실 있는 조직을 만들어야
한다. 부실과 문제점을 숨긴 채 성장만 추구하는 것이 능사
는 아니다. 물은 나아가고 물러남에 마디가 있다進退有節(진
퇴유절). 절節은 대나무의 마디로, 대나무가 높게 자랄 수 있
는 것은 마디가 있기 때문이다. 문제가 있으면 밝혀야 한
다. 마디 없이 높게 자라려고만 하는 대나무는 결코 크게
자랄 수 없다는 진퇴의 미학을 물에서 읽어야 한다. 매출

신장만이 중요한 것은 아니다. 조직에 문제가 있다면 문제점부터 먼저 해결해야 한다. 무작정 앞으로만 나갔다가는 결국 빈 웅덩이에 빠지고 말 것이다.

4 물에서 우회의 아름다움을 읽어라

물은 흐르다 바위를 만나면 옆으로 돌아 유유히 제 갈 길을 간다. 물에는 우회의 아름다움이 있다. 사사건건 시비와 갈등을 일으키며 지치고 힘든 인생을 사는 사람은 물의 여유를 잊지 말아야 한다. 여유는 강자만이 지닐 수 있는 덕목이다. 진정 힘 있고 능력 있는 사람은 사람들과 싸우거나 경쟁하지 않는다. 부전이승의 철학을 체득했기 때문이다. 하루에도 몇 번씩 얼굴이 변하며 감정을 조절하지 못하는 사람은 강자가 아님을 실토해야 한다. 미래를 멀리 볼 줄 알며 인생을 넓게 조망할 수 있는 부드러움과 여유가 물의 경쟁력이다. 물은 부드럽고 약한 것 같지만, 결국 강하고 센 것을 이기는 우회의 철학을 실천하고 있다柔弱勝強剛(유약승강강). 낙숫물이 바위를 뚫듯 세상에서 가장 부드러운 것이 가장 위대한 승자의 모습이다.

물에서 배우는 변화 경영 철학의 핵심은 한마디로 "세상과 한 호흡으로 살아라"이다. 세상의 변화에 유연하게 대응하고, 늘 자신을 낮추고 겸손하며, 나아가고 물러날 때를 알고, 부드러움으로 강함을 제압하는 역상식逆常識의 철학을 물에서 읽어야 한다. 상선약수라! 세상에서 가장 위대한 모습은 바로 물의 모습이다.

노자의 철학과 손자의 철학은 근본 원리에서 닮아 있다. 도가와 병가를 통칭해 도병가道兵家라고도 부른다. 유연성과 부드러움, 드러내지 않는 의도, 원칙과 변칙의 적절한 운영, 스스로 싸우게 하는 보이지 않는 힘 등은 도가 철학과 병가 철학이 만나는 접점이다.

| 5 |

승리하는 조직의
다섯 가지 변화 경영

손자는 "승리는 예측할 수 있다"라고 단언한다. 전쟁터에 나가기 전, 나와 상대방을 냉철하게 비교해보면 얼마든지 승패를 예상할 수 있다는 것이다. 승산이 있는 조직은 어떤 조직인가? 손자는 승리하는 조직의 다섯 가지 필수 조건을 다음과 같이 말하고 있다.

▌1▐ 마음 변화 경영: 모두가 같은 꿈을 가진 조직은 승리한다

上下同欲者勝(상하동욕자승)

돌격 명령이 떨어졌을 때 병사들이 죽기를 각오하고 싸우게 하는 것이 장군의 꿈이다. 리더십은 꿈을 만들어내며, 꿈이 같은 조직은 승리한다. "같은 꿈을 꾸고 있는 군대의 병사들은 죽기를 각오하고 돌격한다. 그리하여 죽어도 같이 죽고 살아도 같이 살며, 전쟁의 어떤 위험에도 두려워하지 않는 위대한 병사가 되는 것이다."

장군이나 병사들이 같은 목표로 싸우는데 패배할 이유가 없다. 사장이나 생산 현장의 근로자나 모두가 한마음 한뜻으로 밀고 나가는데 어느 누가 막을 수 있겠는가? 문제는 '어떻게 꿈을 공유하는가?'이다. 단순히 애사심과 애국심에만 호소해서는 안 된다. 병사들의 사기는 늘 변화한다. 때로는 정예병이 되어 용기와 열정이 가득하더라도 어느 순간 사기가 떨어져 꿈을 잃고 헤맬 수 있다. 리더는 사기가 떨어진 병사들에게 호통을 치는 사람이 아니다. 그들에게 다가가 꿈을 잃은 원인을 찾아내고 사기를 북돋워줄 대안을 마련하는 사람이다. 그리고 리더는 직원의 변화하는 마음을 읽어야 한다. 그들의 마음을 장악하고 그 변화를 주도해야 한다.

1956년에 대전역 앞 작은 천막에서 출발한 성심당은 현재 전 국민의 사랑을 받는 빵집이자 지역 문화를 상징하는 명소로 자리매김했다. 성심당의 중요한 경영 철학 중 하나는 '사랑'이다. 성심당은 창업주 시절부터 "당일 생산한 빵은 당일 모두 소진한다"는 원칙으로, 남은 빵은 모두 고아나 노숙인들에게 나누어주었다. 어떤 날은 빵이 잘 팔려 남은 양이 얼마 안 되면 기부하기 위해 빵을 더 만들기까지 했다. 또한 직원들이 서로 아끼고 사랑하도록 '애정 표현'을 적극적으로 장려하는 기업 문화를 구축했다. 모범적으로 사랑을 실천한 직원에게는 특진 혜택을 주기도 한다. 이러한 사랑 경영은 존폐 위기에 처한 성심당을 일으키는 원동력이 되었다. 창립 이후 시간이 지나면서 대전의 원도심이 점점 쇠락해갔고, 변화하는 제과 트렌드가 경영을 위협했다. 심지어 2005년에는 큰 화재가 발생해 건물이 잿더미가 되기도 했다. 그러나 화재 현장에 모인 직원들이 발 벗고 즉각 복구 작업에 나섰고, 불과 6일 만에 어렵게 중고 기계를 들여와 다시 빵을 구워냈다. 이는 '같은 목표로 함께해온 직원'들이 있었기 때문에 가능했다. 현재 성심당은 비프랜차이즈 전국 제과점 중 매출 1위를 기록하고 있다. 이웃과 상생하고 함께 성장하고자 한 남다른 경영 방식이 오늘날의 성심당을 만든 것이다.

❷ 인력 변화 경영: 인력과 물자를 적재적소에 운영하는 조직은 승리한다 識衆寡之用者勝(식중과지용자승)

상황에 따라 대규모 병력衆을 투입할지, 소수 정예부대寡를 투입할지 정확히 알고 있는 부대는 승리한다. 리더는 변화를 기초로 인력 운영을 결정해야 한다. 인력이 많다고 무조건 잘되는 것은 아니다. 때로는 소수의 인력으로도 얼마든지 기대 이상의 효과를 낼 수 있다. 일의 효율과 상관없이 특정 부분에 인력이 과다하게 집중되어 있다면 그 조직은 인력 관리에 실패한 것이다. 중국 사회에서도 늘 문제가 되는 것이 놀고먹어도 깨지지 않는 '철 밥그릇鐵飯碗'이다. 한국은 이미 구조 조정 등의 경험을 통해 인력 배치의 합리성을 어느 정도 갖고 있다. 그러나 아직도 변화의 흐름을 읽지 못하고 자기 밥그릇만 챙긴다면《손자병법》에서는 백전백패할 조직이라고 한다.

❸ 준비 변화 경영: 준비한 자가 이긴다以虞待不虞者勝(이우대불우자승)

우虞는 헤아리다 또는 준비하다의 뜻으로, 여기서는 '전투를 준비하다'라는 의미다. 미리 전투 장소를 답사해 지형 조건을 완전히 파악하고 기상 조건, 필요한 군수물자, 병사들의 훈련 정도, 군량미 등 전쟁에 필요한 모든 것을 헤아려 준비한 부대는 그렇지 못한 군대와 싸우면 승리할 수밖에 없다는 것이다. 전쟁이든 기업이든 다가오는 미래는 안갯속이다. 이런 불확실한 상황에서 가장 중요한 것은 준비다. 나폴레옹은 전쟁에 나서기에 앞서 다양한 상황을 설정해 전쟁 게임을 해보았다고 한다. 그리하여 실전에서 어떤 변수가 작용하더라도 미리 준비한 대안을 꺼내 상황을 역전시켰다고 한다. 남들은 그를 천재라고 했지만, 자신은 '준비된 장군'이라 불리기를 좋아했다. 어떤 천재의 능력보다 준비된 사람의 능력이 현장에서는 더욱 힘을 발휘한다.

④ 판단 변화 경영: 싸울 만한 상대를 판단하는 조직은 승리한다 知可以戰與不可以戰者勝(지가이전여불가이전자승)

싸워 이길 수 있는 상대인가, 아니면 싸워서 이길 수 없는 상대인가? 이를 정확히 알기만 해도 승리는 눈앞에 있는 것이다. 우리는 가끔 이길 수 있다는 다소 주관적 신념에 사로잡혀 객관적 분석도 없이 상대방과 맞서 싸운다. 세상에는 세 부류의 집단이 있다. 싸우기 전에 미리 적과 나의 실력을 정확히 알고 있는 조직, 일단 적과 싸우면서 적에 대해 깨우쳐가는 조직, 패배하고 나서야 내가 상대할 적이 아니었음을 깨닫는 조직. 일단 싸우고 나서 내가 상대할 적이 아님을 깨달았을 때는 이미 내 조직의 피해는 심각할 수밖에 없다. 지피지기의 목표는 싸우기 전에 적과 나의 전력을 비교함으로써 나의 차후 행동 방향을 정하는 것이다. 진정한 고수는 싸우기 전에 상대가 나보다 힘이 센지 약한지 안다. 그렇기에 항상 승리하는 조직을 만드는 것이다. 상대의 전력을 부단히 점검해 전투를 결정해야 진정한 판단 변화 경영을 하는 장군이다.

🖐 현장 변화 경영: 장군이 능력 있고 군주가 간섭하지 않으면 이긴다 將能而君不御者勝(장능이군불어자승)

손자는 "현장 상황도 모르면서 전방에 보낸 부대의 작전과 행정, 인사에 간섭하는 군주"를 최악의 군주라고 했다. 이런 조직은 결국 전쟁에서 실패할 것이며, 후방의 나라 역시 존속이 위태로워질 거라고 경고했다. "맡겼으면 믿어라! 믿지 못하겠으면 맡기지 마라!"는 인사의 가장 중요한 원칙이다. 능력 있는 관리자를 선발해 현장을 맡기고 후방에서 기다리며 지켜볼 여유가 있어야 한다. 현장 책임자의 의견을 받아들이고, 탁상이 아닌 현장의 결정에 귀 기울여야 한다.

세상에 우연한 승리란 없다. 승산은 준비하고 계산한 자에게 높아진다. 성공한 사람들의 이야기를 들어보면 그들의 성공은 준비된 것이었음을 알게 된다. 병사들의 사기, 적의 상황, 직원의 능력, 환경, 현장 등 변화는 정말 다양하다. 이러한 다양한 변화를 읽고 적절한 대안을 내놓는 것이 바로 변화 경영의 핵심이다.

| 6 |

변화무쌍한 조직의
사기를 조절하라

어떤 조직이든 사기에는 사이클이 있다. 새로운 리더가 조직에 처음 부임할 때는 직원들의 사기가 높아지고 긴장 감이 고조된다. 리더도 의욕에 가득 차서 직원들을 다그친 다. 그러나 긴장감이 임기 내내 지속되지는 않는다. 시행착 오가 거듭되고 시간이 흐르면서 조직의 긴장감은 저하되고 계속되는 피로감에 조직은 다시 느슨해진다. 이때 유능한 리더와 그렇지 않은 리더의 차이가 드러난다. 유능한 리더는 사기가 떨어지는 원인을 정확히 찾아내 대안을 마련해 빠르게 회복하도록 돕는다. 반대로 무능한 리더는 직원들에게 소리 지르며 직원들을 탓한다.《손자병법》에서는 사기에 반드시 사이클이 있다고 강조한다.

"병사들의 아침 기세는 날카롭지만朝氣銳, 한낮 기세는 게을러지고晝氣惰, 저녁 기세는 집에 돌아갈 생각만 한다暮氣歸."

이는 1년의 사이클이 될 수도 있고, 전쟁 전 과정의 사이클이 될 수도 있다. 처음 출정할 때는 많은 사람의 환송을 받으며 사기가 충만해 떠난다. 그러나 시간이 흐르고 전투가 거듭되면서 병사들의 사기는 떨어진다. 끝내는 충성심에 호소하는 정신력만으로는 병사들의 사기를 올릴 수 없게 된다. 이때 유능한 장군은 병사들의 사기를 올리는 방법을 찾아내 떨어진 저녁 기세를 신선한 아침의 기세로 전환한다. 이것이 클라우제비츠 같은 전쟁 전문가들이 말하는 '전장에서 장군의 천재성'이다.

자신이 통솔하는 조직 구성원의 사기와 초심을 어떻게 최상의 상태로 유지할 것인가? 사기를 높이는 데 이제 당근과 채찍은 그다지 효과가 없다. 비전을 제시하고 가능성을 확인시켜주며, 성과에 따른 적절한 물질적 보상과 신뢰 등이 사기를 유지하는 데 중요한 토대다. 이런 몇 가지 원칙을 상황에 따라 적용했을 때 조직의 전력은 상승한다. 세상에 변하지 않는 것이란 없다. 경제 상황도 호경기가 있으면 불경기가 있다. 유능한 경제 관료는 경기의 저점을 빨리 이겨내고 호경기를 좀 더 오래 유지하는 사람이다. 불경기

자체를 아예 오지 않게 하는 경제 관료는 있을 수 없다. 유능한 리더라면 우선 이 상황을 인정해야 한다. 내가 이끄는 조직의 구성원이 영원히 사기가 높으리라는 환상에서 빨리 벗어나야 한다.

전쟁은 불확실한 상황의 연속이다. 따라서 승리를 위한 요소는 여러 가지가 있다. 강력한 무기와 뛰어난 전술이 승리의 원인이기도 하지만, 무엇보다 중요한 것은 아군의 사기를 높이고 상대방의 사기를 꺾어 싸우려는 의지를 포기하게 만드는 것이다.

"적의 대규모 군대라도 얼마든지 기세를 꺾을 수 있다三軍可奪氣(삼군가탈기). 적의 장군이라도 싸우려는 의지를 꺾을 수 있다將軍可奪心(장군가탈심)."

전쟁에서 상대방 병사들의 사기를 떨어뜨리고 장수의 마음을 빼앗는 것은 전투의 승패와 직접 연결된다. 특히 상대방 장군의 마음만 꺾을 수 있다면 어렵지 않게 승리할 수 있다. 성을 공격하기보다 장군의 마음을 빼앗는 것이 더욱 효과적이다.

이처럼 상대방 장군의 마음을 공격하는 전술을 '격장술激將術'이라고 한다. 일부러 적장의 분노를 유발해 이성을 잃게 만들어 무리한 작전을 유도하기도 하고, 미인계로 판단을 흐리게 하기도 한다. 또한 상대방을 교만하게 만들어

스스로 함정에 빠지도록 하는 등 다양한 탈심奪心 방법이 있다. 조직의 리더는 적어도 쉽게 마음을 빼앗기거나 움직여서는 안 된다.

대장부의 조건 중 필수적인 것이 40대가 되면 흔들리지 않는 마음이다. 공자는 40대가 되자 누구의 유혹에도 흔들리지 않는 불혹不惑의 나이가 되었다고 회고했고, 맹자는 40이 되어 확고히 움직이지 않는 부동심不動心의 나이라고 정의했다. 공손추公孫丑가 스승인 맹자에게 "제나라 왕이 만약 선생님을 등용한다면 마음을 접고 이에 응하시겠습니까?" 하고 물었을 때 맹자는 단호하게 "내 나이 40이 넘어서는 부동심이 되었다"라고 대답했다. 자신의 마음을 꺾고 세상과 영합하지 않겠다는 맹자의 단호한 의지가 엿보이는 대목이다.

수없이 변하는 상황에 일희일비하며 마음을 움직인다면 결코 유능한 리더라고 할 수 없다. 부동여산不動如山, 태산처럼 움직이지 않는 장군의 무게야말로 병사들이 안심하고 적진을 향해 돌진하는 힘이 된다. 손자는 전쟁 상황에서 조절해야 할 요소를 다음과 같이 말했다.

1 치기治氣: 기를 통제하라
"기세가 등등한 적의 군대와는 정면 승부를 피하라避其銳

氣(피기예기). 적의 기세가 쇠약해지고 느슨해졌을 때를 틈타 공격한다擊其惰歸(격기타귀). 이것이 현장에서 기를 장악하는 것이다此治氣者也(차치기자야)." 상대방 부대가 사기가 충만하고 기세가 높다면 정면 승부를 피해야 한다. 공격을 멈추고 때를 기다려라. 사기는 변하게 되어 있다. 적의 강한 기운은 언젠가 약한 기운으로 변화한다. 한나라 장량이 초나라 항우를 사면초가에 몰아넣고 초나라 병사들의 사기를 떨어뜨린 후 공격해 승리한 것이 치기의 좋은 예다. 절대로 성급하거나 무리하게 공격해서는 안 된다.

② 치심治心: 마음을 조절하라

"정비된 군대로 혼란한 적의 군대를 상대하고以治待亂(이치대란), 고요한 군대로 조급한 적의 군대를 상대한다以靜待譁(이정대화). 이것이 심리를 장악하는 것이다此治心者也(차치심자야)." 병사들의 마음이 안정되면 여유가 있다. 여유 있는 사람은 시끄럽지 않다. 언제든지 싸워 이길 준비가 되어 있기 때문이다. 마음이 불안하면 조급하게 마련이고, 조급하면 시끄럽고 말이 많아진다. 유능한 장군은 병사들의 마음을 우선 안정시켜야 한다. 안정된 병사들이 불안한 병사들과 싸우면 이길 것은 자명하다. 이것이 유능한 리더의 치심 방법이다.

❸ 치력治力: 힘을 조절하라

"전장에 가까운 곳에서 먼 곳으로부터 오는 적을 상대하고以近待遠(이근대원), 편안히 휴식한 군대로 피로한 적군을 상대하며以佚待勞(이일대로), 배부른 군대로 배고픈 적군을 상대한다以飽待飢(이포대기). 이것이 힘을 장악하는 것이다此治力者也(차치력자야)." 싸울 곳에 미리 도착한 부대는 충분한 휴식으로 힘을 보충할 수 있다. 허둥지둥 뒤늦게 도착한 부대가 쉴 틈도 없이 적과 싸운다면 힘이 달릴 수밖에 없다. 늦게 도착해 무슨 승리를 바라겠는가? 남보다 먼저 도착해 지형을 살피며 위기를 예상하고 대안을 마련하는 시뮬레이션을 거친 조직이 승리하는 것은 당연하다. 이것이 리더의 치력이다.

❹ 치변治變: 상황을 조절하라

"잘 정렬된 깃발의 군대에 맞서 싸우지 말고無邀正正之旗(무요정정지기), 기세가 당당한 전열을 갖춘 군대를 공격하지 마라勿擊堂堂之陣(물격당당지진). 이것이 상황을 장악하는 것이다此治變者也(차치변자야)." 강한 부대는 깃발과 전열을 보면 알 수 있다. 깃발이 정돈되어 있고 전열이 잘 갖추어진 부대는 이미 훈련이 잘되어 사기충만하다. 이들과 싸우면 위험에 빠질 수 있다. '정정당당正正堂堂'이란 말이 여기에서 유래했다. 정정은 깃발이 힘차게 휘날리는 것이고, 당당은 행군 모습이 씩씩한 것이다. 이때는 훗날을 도모하는 것이 좋다. 이것이 리더의 치변이다.

손자는 변화하는 전쟁 상황에서 천재성을 강조했다. 유능한 장군은 언제나 상황을 정확히 읽어내고 그에 따른 대안을 제시한다는 것이다. 순간의 상황에 외형적으로 쉽게 흔들리지 않으면서 묵묵히 대안을 찾는 리더의 모습은 아름답다. 그의 태산 같은 무게가 조직을 편안하게 한다. 조직원의 심기를 조절할 줄 알고, 상황을 정확히 볼 줄 아는 리더가 이끄는 곳은 백전불태의 조직임이 분명하다.

反客爲主
반객위주

상황을 정확히 분석하고 장악하라

뻐꾸기는 다른 새의 둥지에 알을 낳는다. 둥지의 어미 새가 그 알을 자신의 알인 줄 알고 품어주면 뻐꾸기 새끼는 원래 알보다 먼저 부화해서 어미 새가 물어다 주는 먹이를 혼자 독차지한다. 몸이 커진 뻐꾸기 새끼는 원래 알을 둥지 밖으로 떨어뜨리고 둥지의 주인이 된다. 이런 뻐꾸기의 생존 전략을 병법에서 찾으면 '반객위주反客爲主'의 전술이라 할 수 있다. 굴러온 돌이 박힌 돌을 빼낸다는 의미로, 원래는 손님이었는데 주인을 몰아내고 자신이 주인이 되는 것이다. 벤처 업계나 기업 조직에서도 이런 전술은 부지기수다.

이 전술은 논리적으로 다음과 같은 4단계를 거친다. 첫째, 상대방의 모든 빈틈을 최대한 찾아내라. 어느 조직이든 빈틈은 반드시 있다. 이를 발견하는 것이 이 전술의 시작이며 가장 중요한 요소다. 둘째, 그 빈틈으로 내 발을 한 발 밀어 넣어라. 이때 상대방이 그 상황을 알게 해서는 안 된다. 셋째, 상대방의 가장 중요한 핵심 기관을 장악하라. 이때는 가장 장악하기 쉬운 때를 기다려 전력 질주해야 한다. 넷째, 상대방이 더는 해봤자 어쩔 수 없다는 체념을 하게 만들어라. 이때 매정하게 집 밖으로 내쳐서는 안 된다. 온정을 최대한 보여주고 내가 새로운 주인으로서 모두에게 이익이 될 것이라는 분위기를 조성해 모두가 새

주인으로 나를 맞이하는 형세를 만들어야 한다.

조직에는 영원한 손님도 없고 영원한 주인도 없다. 상황을 정확히 분석하고 장악한 사람만이 주인으로 남는 것이 생존의 이치다. 모든 것을 다 빼앗기고 도덕성 운운하며 울고불고해봤자 그때는 이미 늦었다. 주도권을 놓치지 않기 위해서는 한 치의 경계도 늦춰서는 안 된다. 생존은 끊임없는 긴장감과 변화의 유연함을 습득한 자만이 할 수 있다.

孫子兵法

10장

싸우지 않고 승리하라

상생 경영

진정한 승리,
부전이승

《손자병법》에서는 백전백승의 허구성을 비판하며, 싸우지 않고 이기는 승리가 진정한 승리라고 강조하면서 다음과 같이 말하고 있다.

"백 번 싸워서 백 번 모두 이기는 것은百戰百勝 최고 중에 최고의 승리가 아니다非善之善者(비선지선자). 적과 싸우지 않고 적의 군대를 굴복시키는 것이不戰而屈人之兵(부전이굴인지병) 최상의 용병술이다善之善者也(선지선자야)."

싸우지 않고 적을 이길 수만 있다면 가장 이상적인 전략일 것이다. 내 칼에 피를 묻히지 않고 제압할 수 있다면 그것보다 확실한 승리는 없다. 피 흘리고 이기는 전쟁은 아군이나 적군 모두에게 그 대가가 너무나 혹독하기 때문이다.

'싸우지 않고 승리한다'라는 부전이승 전술은 다소 이상적이기는 하지만, 따뜻한 휴머니즘을 담고 있는《손자병법》의 진수다.

비록 적대적 감정이 있더라도 서로 다치지 않고 승리할 방법을 모색하는 것이 진정 아름다운 승리 전략이다. 부전이승은 이성적으로 사유할 수 있는 조직만이 얻을 수 있는 고도의 승리 전략이다. 감정을 주체하지 못하고 즉흥적으로 행동하는 조직은 결코 영원히 존립할 수 없다. 그런 조직은 일시적인 분노로 일어나서 일시一時를 풍미하다 사라지게 될 것이다. 손자는 부전이승의 꿈을 이루기 위한 네 가지 승리 방법론을 제시한다.

1 상병벌모上兵伐謀: 적의 의도를 꺾어놓는다

상병上兵은 가장 최상의 승리를 이룬 조직이다. 강력한 힘을 바탕으로 적을 위협 및 압박해 적의 싸우려는 의지謀를 없애면伐 충돌과 갈등 없이 문제를 해결할 수 있다. 이런 승리는 진 사람이나 이긴 사람이나 물리적 피해가 없다. 그야말로 병법에서 말하는 가장 이상적이고 위대한 승리다. 노사 관계에서 어느 쪽이 이기더라도 상대방의 피를 봤다면 진정한 승리가 아니다. 상대방의 가슴에는 상처가 나서 피가 흐르고 있는데 부부 싸움에서 승리하면 무엇 하겠는가? 애초부터 싸움 자체를 하지 않고 상대방의 싸울 의도를 꺾어놓는 것이 리더의 역할이다.

② 기차벌교其次伐交: 적의 외교를 끊어놓는다

교交는 전쟁이 일어나면 도와줄 교린 관계를 맺고 있는 조직이다. 누군가 나를 도와줄 것이라는 생각이 전쟁에 쉽게 뛰어드는 계기를 만든다. 그러나 애초부터 상대방의 주변 관계를 정리해 도움을 요청할 곳이 없음을 인식하게 해주면 싸우지 않고 이기는 방법이 될 것이다. 벌교伐交의 방법은 우선 상대방이 누구인지를 파악하는 일이 중요하다. 그것을 정확히 파악해야 주변 정리를 할 수 있다. 이 방법은 벌모伐謀의 상책보다는 하책이다. 주변 관계를 파악하는 것은 물론 설득하기도 쉽지 않기 때문이다.

③ 기차벌병其次伐兵: 적의 군대와 전면전을 한다

여기서부터 싸워 이기는 승리다. 직접적인 충돌은 결국 양쪽 모두 피해를 보게 되어 있다. 노사 간의 갈등도 극단적으로 힘겨루기를 한다면 누가 이기든 상처는 남는다. 되도록 이 단계까지 가면 안 된다. 물리적 충돌의 이익은 어느 편도 찾기 힘들다.

4 기하공성其下攻城: 적의 성곽을 직접 공격한다

이는 최하의 병법이다. 상대방이 싸우지 않겠다고 성안에서 죽기를 각오하고 방어 자세를 취하고 있는데 무리하게 성을 기어올라 적과 싸운다면 이겨도 자랑스럽지 못한 승리다. 이미 다 쓰러진 병사 위에서 승리의 만세를 불러봤자 진정한 승리가 아니다. 이를 《손자병법》에서는 가장 위험한 전쟁으로 분류한다. "오로지 장군의 오기 때문에 적의 성벽을 개미처럼 기어오르게 한다면 3분의 1 병력을 잃을 것이다." 최악의 시나리오다. 성안에 있는 병사들을 성밖으로 나오게 하는 전략을 구사하든지, 빨리 포기하도록 상황을 조성해 승리를 얻어야 한다. 아군의 병력을 다 죽이고 이긴 승리는 승리가 아니다.

전쟁의 목표는 분명 승리이지만, 적과 내가 모두 망가지고 이긴 승리는 의미가 적다. 승리한 자나 패배한 자 모두 최소한의 피해만 입고 갈등을 해결한다면 가장 아름다운 승리가 될 것이다.

인간이 무리를 이루어 살아가는 한 갈등과 충돌은 피할 수 없는 숙명이다. 중요한 것은 어떻게 지혜롭게 승리하는 가이다. 싸우지 않고 이기는 부전이승이나 상대방과 내가 함께 이기는 전승 전술은 어쩌면 영원한 이상일지도 모른

다. 그러나 이런 꿈을 잃지 않고 살아가는 사람과 조직은 언제나 아름답다. 현대인은 탐욕스러운 승부욕에 사로잡혀 하루하루를 즉흥과 파괴, 도발과 분노로 연명하며 왜 승리해야 하는지도 모르는 채 불나방처럼 불꽃의 유혹에 자신을 내던지고 있다. 불꽃은 화려한 만큼 자신의 몸을 담보로 요구한다. 성공과 승리는 목표가 아니라 수단이다. 리더는 싸워서 모두 이기는 사람이 아니다. 싸우지 않고도 승리를 얻을 수 있는 현명한 리더십을 발휘해야 한다.

유한양행의 창업자 유일한 회장은 상생의 리더십을 발휘해 성공한 대표적 기업가다. 단순한 이윤 추구를 넘어 사회를 위해 나눔의 가치를 널리 실천한, 매우 뛰어난 경영 이념을 구현한 인물이다. 서거 후 유언에서뿐만 아니라 생전에도 기업에서 얻은 이익을 사회에 환원했다. 그는 기업을 경영하면서 가장 좋은 제품을 만들어 보국하고, 그 이윤을 사회에 환원하는 일에 앞장섰다. 또 종업원의 복지 향상을 위해 노력했고, 무상교육 등 사회를 위해 기업 이익을 아낌없이 내놓았다. 함께 나누는 것을 목표로 하는 유한양행의 기업 이념은 "정성껏 좋은 상품을 만들어 국가와 국민에 봉사하고, 정직·성실하고 양심적인 인재를 양성·배출하며, 기업을 키워 일자리를 만들고 정직하게 납세하며, 남는 것은 기업을 키워준 사회에 반환한다"는 것이다.

| 2 |

명분이 분명해야
지지를 받는다

.

《손자병법》에서는 싸움을 신중히 결정해야 한다고 강조한다. 분노와 감정에 치우쳐 정확한 판단 없이 무모하게 싸움을 시작한다면 아무리 상대방을 제압했다 하더라도 자신의 조직에 상처를 남길 수 있기 때문이다.

'신전愼戰'은 이런 《손자병법》의 생각을 잘 보여주는 용어다. "전쟁은 신중하게 결정하라. 승산 없는 상황에서 무모하게 싸우지 마라"는 신전 사상의 대표적 철학이 '비위부전非危不戰'과 '비득불용非得不用'이다. "위기 상황이 아니면 절대 싸우지 마라. 얻을 것이 없다면 군대를 함부로 운용해서는 안 된다"라는 말이다. 이익도 없고 위기 상황도 아닌데 감정에 치우쳐 무조건 싸움을 걸고 병력을 움직인다면 아름다운 승리가 아니라는 것이다. 리더가 위급한 상황이 아닌데 전쟁을 결정하거나 별 이득도 없는 전쟁에 참여한다면 조직의 생존에 도움이 되지 않는다.

전쟁의 승패는 조직에 많은 의미를 부여할 수 있지만, 잘못하면 나라가 위태로워지는 극한 상황까지 몰고 갈 수 있다. 그래서 손자는 〈화공火攻〉 편에서 "군주는 자신의 노여움을 참지 못하고 군사를 일으키면 안 되며, 장수는 자신의 분노 때문에 작은 전투라도 일으켜서는 안 된다"라고 말했다. 군대는 부득이한 상황에서만 움직여야 한다. 《손자병법》은 전쟁을 설파한 병법서지만, 오히려 전쟁에 대한 신중함을 강조한다. 손자가 전쟁의 피해가 얼마나 무서운지 직접 현장에서 경험한 전쟁 전문가이기 때문에 가능한 논리다. 전쟁을 통해 백성의 목숨이 사라지고, 나라의 안위가 뒤바뀌는 참상을 똑똑히 목격한 사람만이 전쟁의 무서움을 잘 안다.

하루에도 몇 번씩 전쟁이 벌어지던 춘추전국시대에 전쟁의 피해에 대해 지적하고, 신전 사상을 설파한 사람은 많다. 특히 노자는 전쟁을 애초부터 부정하는 반전 사상가에 가깝다. 전쟁은 사람이 죽고 다치는 비극이자 재앙이다. 노자의 《도덕경》에는 '애병필승哀兵必勝'이라는 말이 있다. "군대를 일으키는 것이 슬픈 일임을 아는 장군은 반드시 이긴다"는 것으로, 병사들이 어떤 리더를 원하는지를 간파한 말이다. 전쟁에서 이겼다고 즐거워하지 마라. 그 기쁨에는 상대방의 불행과 아픔이 담겨 있고, 나아가 아군의 피해를 동반하는 일이기 때문이다. 《도덕경》에는 다음과 같은 구절이 있다.

"군대를 운영하는 데 이런 말이 있다. 내가 감히 그 전쟁의 주체가 되어 싸우지 말 것이며, 그저 상대방이 공격하면 방어 정도만 할 것이며, 상대방을 가벼이 여겨 공격한다면 내 모든 것을 잃게 될 테니 감히 한 자국을 나가려고 하지 말고 뒤로 한발 물러설 생각을 하라. 그리하여 항상 전쟁에서 그 전쟁을 슬퍼하는 사람이 승리하게 되어 있다."

이 구절은 전쟁 자체를 부정하지 않는다. 최소한의 방어 능력만 갖추고 철저히 방어를 위한 전쟁을 해야 하며, 나의 승리는 결국 상대방의 패배이니 그 승리에 자만하거나 가벼이 여기지 말고, 상대방을 위로하고 일으킬 때 진정한 승자라는 메시지를 전하고 있다.

한나라 왕 선제宣帝가 흉노족이 쇠약해지자 군대를 일으켜 전쟁하려고 했다. 이때 위상魏相이라는 신하가 군대는 다섯 종류가 있다고 말하며 명분 있는 전쟁을 강조했다.

1 의병義兵: 의로운 군대

혼란을 피하고 포악한 군주를 몰아내기 위한 군대다. 이들에게는 혼란을 완전히 몰아내고 포악한 군주를 제거하기 위한 전쟁 명분이 있다. 명분이 있기에 병사들도 꿈을 공유한다. 반드시 제거해야 할 대상이 있기에 사기가 높다. 개인의 이익을 위해 싸우는 전쟁이 아니기에 민심이 그 군대를 응원할 수밖에 없다.

2 응병應兵: 방어를 위한 군대

상대방의 도발에 어쩔 수 없이 전쟁에 응하는 군대다. 도발자가 아니라 방어자이기에 승리할 수밖에 없다.

3 분병忿兵: 분노해 악에 받쳐 있는 군대

작은 일에도 원한을 품고 분노를 이기지 못해 전쟁을 일으키는 군대로, 패할 것이라고 했다. 목숨이 달린 전쟁에 개인적인 분노를 결부해 싸움에 나선다면 끝이 좋지 않을 것이다.

4 탐병貪兵: 남의 토지나 재산을 탐내어 싸우는 군대

이러한 군대 역시 반드시 패할 것이라고 했다. 침략 전쟁을 위해 일으킨 군대는 어떤 면에서든 명분이 없다. 잠깐의 승리는 얻을 수 있을지언정 영원한 승리를 지속하기는 어렵다. 현대전에서도 상대방의 자원을 탐낸다거나 영토를 빼앗기 위해 전쟁을 벌인다면 탐욕을 위한 군대, 탐병이라 할 것이다.

5 교병騎兵: 자신의 수나 세력을 믿고 교만 방자한 군대

큰 것을 믿거나, 혹은 적은 수의 적에게 위엄을 보이기 위해 전쟁을 일으키는 군대를 말한다. 교만하고 자만에 빠져 있거나 명분 없이 전쟁하는 것이기에 역시 득보다는 실이 많다.

이 중 정말 일으켜야 할 군대는 의병과 응병이다. 반드시 싸워야 할 명분이 확실하거나, 상대방의 침략에 대응하는 방어전만이 전쟁하는 합당한 이유다. 이는 군대를 넘어 조직과 개인에게도 그대로 적용된다. 자신의 힘을 과시하거나 분노에 못 이겨 싸움을 건다면 옳지도 못하고 명분도 없다. 남의 것을 빼앗기 위해 싸워도 오래가지 못한다. 누구에게나 떳떳한 명분을 가진 상태에서 조직원은 꿈을 공유하고 승리의 의지를 불태울 것이다. 상생의 리더십을 지닌 리더는 싸움에 신중하다. 그러기에 주변 사람들과 아랫사람들에게 존경과 지지를 받을 수 있는 것이다.

| 3 |

리더의 아홉 가지
인간 경영 원칙

경영은 결국 인간 경영이 전부라 해도 과언이 아니다. 리더는 조직을 경영하면서 직원의 마음을 얻어야 하고, 투자자의 동의를 끌어내야 하며, 고객을 감동시켜야 한다. 주변 조직과 선린 관계를 유지해야 하고, 능력 있는 사람을 모아야 한다. 모두가 인간 경영이며, 이들과의 상생 없이는 절대로 유능한 리더가 될 수 없다.

경영자는 인간을 경영하는 사람이다. 중국 황제들의 나라를 경영하는 원칙을 설파한 고전 중 《중용》에는 "인간 경영이야말로 황제의 가장 중요한 경영 목표이다"라고 적혀 있다. 일명 아홉 구九에 경영할 경經, 즉 '구경九經'이라는 제왕의 아홉 가지 천하 경영 원칙이 있다. 오늘날 리더들이 한 번쯤 귀 기울여 들어볼 경영 철학이다. 역대 제왕들에게 요구되는 통치 철학, 구경을 설명하면 다음과 같다.

■ 수신修身: 자신의 몸부터 수양하라

경영의 시작은 리더의 수양에서 시작된다. 리더가 자신의 몸을 수양하지 않고서 누구도 지도할 수 없다는 것이 동양 통치 철학의 기본 정신이다. 자신의 마음을 통제할 줄 알고 덕으로써 베풀 줄 아는 마음이 수신의 시작이다. 천하 경영의 시작은 바로 나부터 경영하는 것이다.

■ 존현尊賢: 능력 있는 인재를 우대하라

인재를 아끼는 리더에게 좋은 인재가 모여들 수밖에 없다. 좋은 인재가 모여들게 하려면 그들의 생각을 존중하고 인정해주어야 한다. 주나라 주공周公이 인재가 왔다는 소식을 들으면 목욕 중 머리를 감다가도 머리카락을 움켜쥐고 세 번이나 인재를 만나러 나갔다는 '일목삼착一沐三捉'이나 밥을 먹고 있을 때라도 먹던 음식을 뱉고 세 번이나 인재를 만나러 나왔다는 '일반삼토一飯三吐'는 동양의 리더가 인재를 얼마나 중요시했는지를 잘 보여준다. 능력 있는 사람을 우대한다는 소문이 퍼졌을 때 인재는 모여든다.

3 친친親親: 친척을 소중히 여겨라

친척이나 가족과 반목하고 갈등하는 사람은 경영을 제대로 할 수 없다. 피를 나눈 혈육은 리더에게 큰 힘이 될 수도 있고, 한순간에 조직을 무너뜨리는 가장 큰 적이 될 수도 있다. 입술이 없으면 이가 시리다는 '순망치한脣亡齒寒'의 고사는 당장은 나에게 별 도움이 안 되는 것 같지만 내 주변에 있기만 해도 울타리가 되는 혈연관계의 사람에게 최대한 잘하라는 충고다. 가장 가까운 사람부터 경영하는 것이 천하를 다스리는 초석이다.

4 경대신敬大臣: 대신을 공경하라

대신은 창업에 도움을 주었거나, 조직의 생존에 결정적 역할을 해 큰 공을 세운 사람이다. 이들을 잊지 않고 공경해야 조직이 반듯하게 선다. 열정을 다해 조직 기반을 닦은 사람들의 공덕을 잊어서는 안 된다. 그들의 마음을 잡아야 탄탄한 조직이 만들어진다.

5 체군신體群臣: 신하를 내 몸처럼 생각하라

여기서 체體는 '내 몸처럼 여긴다'는 뜻이다. 요즘으로 말하면 간부 직원들을 소중히 생각하라는 의미다. 나를 위해 수족처럼 움직이는 간부들이야말로 내 몸처럼 소중히 여겨야 할 사람들이다. 나를 대신해 현장을 관리하고, 나를 위해 계획을 세우는 참모들을 우대하며 내 몸처럼 아끼는 것은 경영자의 기본 원칙이다.

오뚜기는 비정규직이 없는 회사로 유명하다. 비정규직 시간제 근무를 원하는 일부 사원들을 제외하면, 마트 시식 담당 사원까지 모두 정규직으로 채용하고 있다. 정규직 비율이 무려 98.9퍼센트에 달한다(2023년 기준). 창업주 명예회장의 "사람은 비정규직으로 쓰지 말라"라는 경영 철학을 이어오고 있는데, 이는 사람의 소중함을 잘 알고 기업에 적용한 리더의 전형이다.

⑥ 자서민子庶民: 서민을 내 자식처럼 여겨라

자子는 '자식처럼 여긴다'는 뜻이다. 국가로 보면 백성을, 기업으로 보면 직원을 내 자식처럼 여기라는 것이다. 맹자는 그들에게 해주어야 할 가장 중요한 것을 항산恒産(일정한 생계 능력)이라고 했다. 직원들의 생계를 먼저 고민하는 리더가 되어야 한다는 충고다. 직원들이 경제적으로 어려운데 충성을 다해 조직을 위해 일할 사람은 아무도 없다.

⑦ 내백공來百工: 기술자를 초빙하라

백공百工은 100가지 다양한 기술자, 즉 전문가를 의미한다. 능력 있는 기술자를 우대해 세상의 모든 기술자가 오고 싶어 하는 조직을 만들라는 것이다. 기술자가 열정을 바쳐 조직을 위해 일할 때 기술력은 향상되고, 고객의 만족도는 높아진다.

8 유원인柔遠人: 먼 곳에 있는 사람들을 챙겨라

원인遠人은 먼 곳에 있는 사람, 즉 변방에 있는 사람을 의미한다. 조직의 핵심부가 아닌 먼 곳에서 고생하는 사람들을 잊지 말라는 충고다. 당장 눈앞에 있는 사람은 챙겨주기가 쉽다. 그러나 멀리 보이지 않는 곳에서 일하는 직원들을 잊지 않고 챙겨주기란 쉽지 않다. 조직은 모든 현장에서 모든 직원이 최선을 다할 때 전력이 높아짐을 명심해야 한다.

9 회제후懷諸侯: 이웃 나라 제후들을 잘 품어라

여기서 제후諸侯는 이웃의 하급 리더다. 대기업 입장에서 보면 하청 업체나 협력 업체 사장들이다. 그들을 잘 품고, 그들 입장에서 한 번 더 생각해야 어려울 때 힘이 된다. 주변 조직의 리더와 좋은 관계를 유지하고 선린의 교유를 지속해야 한다. 세상에 독불장군은 없다.

앞서 말한 아홉 가지 경영 원칙은 상식적이지만 소홀히

여길 만한 것은 하나도 없다. 내 몸을 먼저 수양하고, 인재와 전문가를 우대하며, 간부와 직원을 내 몸처럼 여기고, 친척과 이웃 조직의 리더와 원만한 관계를 유지하라는 통치 철학은 바로 오늘날 조직의 경영을 맡은 리더가 반드시 새겨야 할 조언이다. 이 항목들을 종합하면 결국 경영은 인간 경영이다. 이들과 상생의 꿈을 공유할 때 천하를 얻을 수 있을 것이다.

상생과 공생의 정신으로
투자자를 보호하라

손자가 활동하던 당시는 전쟁의 시대였다. 하루에도 크고 작은 전쟁이 끊임없이 벌어졌고, 어떤 전쟁은 10년 이상 지속되기도 했다. 두 차례의 세계대전을 통해 과학과 문명이 발전했듯이, 당시 계속되던 제후들 간의 전쟁은 당시 문명을 높은 수준으로 끌어올렸다. 발전이라는 측면에서만 본다면 전쟁과 갈등은 평화와 안정보다 조직을 한층 더 역동적이고 창조적으로 만들 수 있다. 때로는 위기 상황에 대한 방어기제로서의 긴장감이 조직의 힘을 높이는 역할을 하기도 한다. 오늘날 우리의 분단 상황과 경제 위기, 지역 감정 역시 때에 따라서 새로운 창조와 체질 개선의 장점으로 작용하기도 한다.

이런 측면에서 손자가 살던 춘추전국시대는 참혹한 전쟁의 실상과는 별도로 어떤 계층에는 특별한 기회의 장이었다. 전쟁에서 공을 세워 천민 신분에서 갑자기 출세한 장군도 있었고, 군수물자를 이용해 엄청난 부를 축적한 상인들도 나타났다. 초나라 출신의 이사李斯라는 무명의 정치가는 진나라에 인재로 영입되어 재상의 자리까지 올랐다. 여불위呂不韋라는 상인은 진나라 서공자庶公子였던 자초子楚에게 투자해 엄청난 부와 권력을 획득했다. 전쟁과 혼란은 변화에 적응하는 누구에게나 성공의 문을 활짝 열어놓았으며, 기존 귀족층의 기득권을 깨뜨리고 사회구조의 판을 다시 짜는 변화를 가져왔다.

이런 다이내믹한 변혁의 시대에 변화에 적응해 성공한 사람과 조직도 있었고, 변화를 두려워하고 지나간 시대 타령만 하다가 쓸쓸히 사회의 중심에서 멀어진 개인과 조직도 있었다. 변화는 누구에게 열려 있었으나 적응한 사람과 적응하지 못한 사람이 확연히 구분되었다. 적응하지 못한 조직의 명분과 논리는 자조적인 목소리를 내며 역동적 시대의 변화 속에 파묻혀버렸다. 반면 재빠르게 투자에 성공한 조직은 새로운 세를 형성하며 시대의 주역으로 나서게 되었다.

춘추전국시대에 가장 모험적인 투자는 전쟁이었다. 위험

이 크면 클수록 배당률은 높은 법이다. 대부大夫와 사士 계층은 크고 작은 전쟁에 참여해 병력과 군수물자를 투자했다. 이들 투자자는 전쟁에 대한 명분도 있었지만, 승리 후에 배분되는 수익에 관심이 많았다. 이들은 군주에 대한 충성심과는 별도로 전승戰勝에 대한 다양한 분석과 데이터를 가지고 전쟁에 참여했다. 전쟁을 주관하는 군주도 더는 애국심과 명분만 가지고 이들의 투자를 끌어낼 수 없었다. 그들에게 투자에 대한 확신과 비전을 보여주어야만 했다. 손자는 이런 측면에서 투자자의 투자 자금에 관해 배려하고 있다.

"나라가 군대의 출병 때문에 재정이 가난해지는 것은 먼 곳까지 군수물자를 실어 날라야 하기 때문이다國之貧於師者遠輸(국지빈어사자원수). 먼 곳으로 수송하다 보면 전쟁 비용을 댄 귀족들의 재정이 고갈된다遠輸則百姓貧(원수즉백성빈)."

백성百姓은 성姓을 가진 귀족들이었다. 당시에는 백관百官의 귀족들만 성을 가지고 있었으며, 백성이 '민중'의 의미로 불리기 시작한 것은 한나라 이후부터다. 드라마 〈태조왕건〉에 나오는 호족들은 백성이라고 보면 된다. 이들의 적극적인 투자와 동참이 있어야 전쟁에서 이길 수 있는 병력과 군수물자를 확보할 수 있었다. 전쟁은 군주 혼자 하는 것이 아니다. 군주가 전쟁을 결정하고 호족들에게 추인받는 과정에서 귀족들은 경비와 인력을 조달한다. 그들이 전쟁에 참여하는 이유는 전쟁을 통해 기득권을 유지하거나 영토를 확보하는 등 새로운 부를 창출하기 위한 일종의 투자다. 현대의 경영자가 투자자를 통해 자금을 모아 사업하는 것과 유사한 것이다.

손자는 투자자를 배려하라고 강조했다. 요즘으로 말하면 기업이 투자자를 잊지 말라고 하는 주문과 같다. 회사가 잘되면 결국 투자자도 잘된다는 상생과 공생의 리더십을 강조한 것이다. 또 손자는 가능하면 귀족들이 처음 투자한 비용만으로 전쟁을 수행하라고 말했다.

"군대를 잘 운용하는 장수는 투자한 귀족들에게 병력을 두 번 징집하지 않으며, 군량미를 몇 번씩 실어 보내라고 하지 않는다. 가능한 한 적지에서 물자를 해결한다."

나폴레옹은 "군대는 배를 채워야 싸운다"라고 말했다. 병사들에게 적절한 식량을 공급하지 못하면 사기가 떨어진다. 기업이 자금이 모자라면 기업 활동에 막대한 차질이 생기는 것과 마찬가지다. 진나라가 중국을 통일한 이유 중 하나가 전쟁하면서 농업을 같이 할 수 있는 군대 시스템을 만들었다는 것이다. 후방에서 식량을 보급하는 것이 아니라 전방의 병사들이 농사를 지으면서 전투할 수 있는 자급자족 식량 조달 시스템을 만들었다. 전쟁에 나선 부대가 식량을 자꾸 보내달라고 하면 호족들이 궁핍해지듯이, 기업이 투자자에게 자금을 자꾸 요구하면 투자자의 자금 사정이 나빠져 결국 전력이 약화하는 계기가 된다.

"돈을 대는 귀족들의 재정이 고갈되면 그들 지역의 세금과 부역이 가중된다. 군대의 힘이 떨어지고 재정이 고갈되면 국내 귀족들의 가세도 기울어 그들 재정의 70퍼센트 정도가 손실을 보게 된다."

다소 과장된 측면도 있지만, 오늘날 일부 기업이 투자자의 재정에 관심을 보이지 않는 것과 비교하면, 손자는 투자자를 세심하게 배려하고 있다고 할 수 있다. 장거리 원정에서 가장 큰 문제점은 식량을 수송하는 일이다. 수송 거리와 기간이 길어질수록 수송에 필요한 인력과 그들이 먹는 또 다른 식량의 낭비가 심해진다. 식량을 목적지까지 운반하려면 몇 달씩 걸리기 때문에 수송을 담당하는 인력의 식량과 소나 말의 먹이 소비가 극심하다는 것이다. 어느 기록에 의하면 진이 흉노를 공격할 때 낭야琅邪에서 북하北河까지 식량 30석을 수송하면 1석이 도착했다고 한다. 그만큼 국내에서 군수물자를 전방으로 수송하는 것은 막대한 경비와 손실을 감수하는 일이다. 손자의 고민은 전쟁이 오래 지속되면 식량 소모가 많아져 처음 전쟁에 참여한 호족들의 마음이 변해 이탈하는 데 있었다. 이런 측면에서 손자는 가

능한 한 현지에서 식량을 조달해야 한다고 몇 번이나 강조
했다.

기업도 마찬가지다. 초기 투자자의 투자 금액을 모두 소
진하고 재차 투자를 요구하는 기업에 무한정 투자할 사람
은 아무도 없다. 아무리 좋은 비전이 있고 장밋빛 미래가
있더라도 투자한 자금을 소중히 여기지 않는 기업은 더 이
상 자금을 원활히 수급할 수 없는 것이다. 어떤 측면에서든
투자자의 자금을 소중히 여기고 보호할 때 기업은 경쟁력
을 갖고 탄탄한 세를 유지할 수 있다.

투자 자금을 개인의 치부致富를 위해 사용하고, 어떤 경
영자도 책임지려 하지 않는 현실에 비추어볼 때 2,500년
전 손자의 '투자자를 보호하라'는 생각은 현재를 사는 우리
에게 상생의 리더십을 보여주는 중요한 단서다.

화광동진

세상의 눈높이에 맞춰 내 광채를 낮춰라

"지도자여! 당신의 그 날카로운 지혜銳를 좀 꺾어버리십시오挫.
그리고 복잡하게 얽힌 꼼수紛에서 풀려나십시오解. 당신의 그
잘난 빛光을 누그러뜨리고和 세상의 세속塵과 함께하소서同."
이는 '화광동진和光同塵'의 인생 지혜가 담긴 《도덕경》의 한 구
절이다. 화和는 조화, 광光은 빛남이다. 내가 가진 광채를 죽이
고 주변의 빛과 조화를 맞추라는 것이다. 동同은 함께하는 것
이고, 진塵은 세속이다. 나의 잘남을 숨기고 세속과 함께하라는
것이다.

세상을 살면서 나의 광채와 똑똑함을 숨기고 세속의 눈높이에
눈을 맞추고 살기란 정말 힘들다. 세상의 모든 사람은 각자 자
신이 가진 광채를 더욱 빛내려고 한다. 그러나 그 빛이 빛날수
록 주변 사람들은 점점 멀어진다. 지도자가 날카로우면 주변 신
하들이 겁나서 접근을 못 한다. 일부러 자신의 총명함을 감춰
야 주변에 사람들이 모여든다. 훌륭한 지도자가 되기 위해서는
우뚝 서서 잘났다고 폼 잡는 것보다 자신의 빛을 누그러뜨리고
세상 사람들의 눈높이로 내려가 민중과 함께하는 자세가 필요
하다는 것이다. 사람들이 자신의 빛이 제일 낫다며 모두 그 빛
을 더욱 밝히려고 한다. 그러나 그 빛을 누그러뜨리고 세속의
눈높이에 시선을 맞출 때 진정한 리더십과 인생을 사는 지혜가

빛난다.

대화를 나눌 때 자신의 의견만 옳다고 강력하게 주장하지 마라. 남의 의견을 충분히 듣고, 결정적일 때 내 생각을 간단하고 명료하게 내놓아라. 장황하게 나의 주장을 펼친다고 해서 그 주장이 관철되는 것은 아니다.

화광동진의 문화 코드는 단순함이다. 단순함이 아름다운 시대다. 복잡하게 얽힌 인생보다는 단순하고 밝은 인생이 의미 있다고 여겨지며, 복잡한 사람보다는 단순한 사람이 더 친근하고 사귀고 싶은 사람이 되는 시대다. 세상의 모든 고민을 혼자 짊어진 영웅주의 신화는 이제 깨질 때가 된 것이다. 그저 세상의 모든 사람과 눈높이를 맞추고 단순하게 그들과 함께할 때 진정 아름다운 리더십이 발현된다. 국가원수가 참모들과 함께 피자를 시켜 먹으며 국정을 논하는 자리에서 권위주의의 장벽을 넘어서는 화광동진의 리더십이 더욱 빛난다. 권위주의 및 영웅주의와 결별하고, 진정으로 이웃과 하나 되는 화광동진의 인생 지혜를 배우는 것이 새로운 시대에 맞는 생존 전략이다.

孫子兵法